WOLFGANG WEGNER

Karlsruhe – *kulinarisch und kreativ*

WOLFGANG WEGNER

Karlsruhe – *kulinarisch und kreativ*

BADISCHES SAVOIR-VIVRE

GMEINER

Autor und Verlag haben alle Informationen geprüft. Gleichwohl wissen wir, dass sich Gegebenheiten im Verlauf der Zeit ändern, daher erfolgen alle Angaben ohne Gewähr. Sollten Sie Feedback haben, bitte schreiben Sie uns! Über Ihre Rückmeldung zum Buch freuen sich Autor und Verlag: lieblingsplaetze@gmeiner-verlag.de

Besuchen Sie uns im Internet:
www.gmeiner-verlag.de

Im Ehnried 5, 88605 Meßkirch
Telefon 07575/2095-0
info@gmeiner-verlag.de

1. Auflage 2013

Lektorat: Claudia Senghaas, Kirchardt
Satz: Julia Franze
Umschlaggestaltung: U.O.R.G., Lutz Eberle, Stuttgart
unter Verwendung eines Fotos von: © don57 – Fotolia.com
Kartendesign: Mirjam Hecht
Druck: AZ Druck und Datentechnik GmbH, Kempten
Printed in Germany
ISBN 978-3-8392-1363-6

DER NORDEN

DER WESTEN

INNENSTADT-WEST

INNENSTADT-OST

DER OSTEN

DER SÜDEN

UM KARLSRUHE HERUM

EIN FÄCHER VOLLER KREATIVITÄT, ÄSTHETIK UND GENUSS

Auftakt

Karlsruhe ist quasi eine Stadt aus der Retorte. Nicht allmählich historisch gewachsen, sondern auf Geheiß des Markgrafen von Baden-Durlach, Karl Wilhelm, am Reißbrett entworfen. Glaubt man der Legende, so ist der badische Herrscher bei einem Jagdausritt im Hardtwald eingeschlafen. Dabei träumte er von einer neuen Residenz, einem prachtvollen, sonnengleichen Schloss. Die Wahrheit ist nüchterner: Die alte Residenz in Durlach bot einfach keine weiteren Entfaltungsmöglichkeiten mehr. Am 17. Juni 1715 beginnt also mit der Grundsteinlegung des Karlsruher Schlosses auch die Geschichte der Stadt, und bis heute ist das dem Stil von Versailles nachempfundene Schloss mit dem dazugehörigen Park das markante Wahrzeichen Karlsruhes. Wie Sonnenstrahlen führen von ihm im Süden Straßen in die Stadt und im Norden Alleen in den Hardtwald. Betrachtet man den Grundriss im Stadtgebiet von oben, so fühlt man sich an einen Fächer erinnert, was Karlsruhe den Beinamen ›Fächerstadt‹ einbrachte.

Markgraf Karl Wilhelm fasste seine Vorstellungen von einer idealen Stadt in einem Privilegienbrief zusammen, der den Grundstein für jene Weltoffenheit und Toleranz legte, die Karlsruhe heute noch auszeichnen. Dank der guten Möglichkeiten, sich hier anzusiedeln, zog es viele Menschen nicht nur aus den badischen Landen, sondern auch aus Frankreich, der Schweiz, Italien und Polen nach ›Carols Ruhe‹. Die Neubürger durften unter anderem alle im Reich tolerierten Religionen ausüben, waren von Leibeigenschaft und Frondiensten frei und erhielten schließlich sogar ein kostenloses Grundstück nebst Baumaterial. In den folgenden Jahrhunderten wurden kleine Orte des Umlands eingemeindet und die Stadt um neue Mentalitäten reicher, wie die Letschebacher (Durlach) und Schlaucher (Daxlanden).

Die Karlsruher sind nicht nur tolerant, sondern auch ›bieder‹, was aber bitte mit ›brav‹ und ›tüchtig‹ und keinesfalls mit langweilig zu übersetzen ist. Der ›brave‹ Karlsruher gehört überwiegend zum Bürgertum, ganz dem Badnerlied, der inoffiziellen Hymne Badens, entsprechend, wo es heißt: ›In Karlsruh' ist die Residenz‹. In der Wirtschaftsstruktur überwiegen daher Verwaltung, Dienstleistungen und Handel. Die Stadt ist zugleich Hochschul- und Wissenschaftsstandort sowie Mittelpunkt einer ganzen Technologieregion. Man ist stolz darauf, dass hier Karl Drais das Laufrad, Draisine genannt, als Vorläufer des Fahrrads und Carl Benz das Auto erfunden haben, Heinrich Hertz die elektromagnetischen Wellen entdeckte und so, ohne es zu ahnen, Radio und Fernsehen ermöglichte. Wie in kaum einer anderen Stadt werden Hightech und Kultur gleichermaßen gepflegt, symbiotisch vereint gar in einem weltweit einzigartigen Museum, dem Zentrum für Kunst und Medientechnologie (ZKM). Die enorme Kreativität zeigt sich in den vielen öffentlichen und freien Kultureinrichtungen und Initiativen, die nicht zuletzt im Kreativpark Alter Schlachthof einen neuen Kristallisationspunkt bekommen. Doch trotz aller Moderne liebt man auch die klassische Kultur und schlendert zum Beispiel den Gedichtpfad im Hardtwald entlang, lässt sich im Museum für Literatur am Oberrhein inspirieren oder staunt über Kurioses wie das Blechdosenmuseum.

Nicht nur die 1.600 Sonnenstunden pro Jahr, auch die Nähe zu den Weinlagen der Südpfalz und des Kraichgaus sowie zum Elsass haben das Lebensgefühl der Karlsruher geprägt. Man könnte es mit dem Begriff ›Badisches Savoir-vivre‹ umschreiben: Genießen, ohne zu übertreiben, auch mal Fünfe gerade sein lassen und sich am Schönen erfreuen. Besonders im Sommer spürt man dieses Lebensgefühl an allen Ecken und Enden, vor allem jedoch auf den zahlreichen Plätzen, wie dem Gutenberg-, dem Lidell- oder dem Ludwigsplatz. ›Mediterran‹ sei es hier, hört und liest man allenthalben, und der Besucher kann es schnell bestätigen: Die heitere Gelassenheit in dieser Stadt erinnert nur zu oft an südliche Gefilde. Nicht zuletzt trägt die vielfältige Gastronomie zu diesem Bild bei: Karlsruhe und die nähere Umgebung bieten Perlen, die, oft verbunden mit einem historischen Ambiente, alle Sinne ansprechen und die zu entdecken es sich lohnt.

IMMER KREATIV: VON DER STADTGRÜNDUNG BIS ZUR S-BAHN

Karlsruher Innovationen

Woran mag es wohl liegen, dass in Karlsruhe so viele Erfindungen entstanden und Innovationen auf den Weg gebracht wurden? Vielleicht daran, dass die Stadt selbst eine Innovation ist, geboren aus der Idee des Markgrafen Karl Wilhelm von Baden-Durlach. Vielleicht aber auch aus der Mischung aus einem von Leichtigkeit geprägten Lebensgefühl und der Freiheit, die hier schon früh spürbarer war als in anderen Teilen Deutschlands. Eine erste Innovation war daher die Badische Verfassung von 1818. Die Abgeordneten des Badischen Landtags formulierten im Ständehaus grundlegende demokratische Normen, darunter zum Beispiel die Pressefreiheit. (Eine Erinnerungsstätte befindet sich in der Ständehausstraße 2.)

Ein bekennender Demokrat war auch Karl Friedrich Freiherr Drais von Sauerbronn (1785–1851), der während der Revolution von 1849 seinen Adelstitel ablegte. Wir kennen ihn daher nur als Karl Drais. Der Forstmeister war seit 1811 vom Dienst freigestellt, um sich fortan seinen Erfindungen zu widmen. Die bekannteste ist natürlich das Laufrad, mit dem er das Prinzip eines Zweirads auf den Weg brachte, und das heute noch jedes Jahr im Juni mit einem Draisinenrennen gefeiert wird. Zu seinen erstaunlichen Erfindungen gehören aber auch die erste Tastenschreibmaschine oder ein Herd mit Behältern, in den man Töpfe mit erhitzten Speisen stellen und darin über Stunden weitergaren konnte, ohne dass Energie dafür gebraucht wurde. Ein anderer Carl wurde 1844 in Mühlburg geboren. Sein Geburtshaus stand in der Rheinstraße 22, überdauerte die Zeiten jedoch nicht, denn Carl Benz studierte zwar am Polytechnikum der Fächerstadt Maschinenbau, seine Erfindung, das Automobil, machte er jedoch in Mannheim.

Überhaupt die Technische Hochschule: 1825 gründete Großherzog Ludwig von Baden nach dem Vorbild der Pariser École Polytechnique das Polytechnikum, das 40 Jahre später von Großherzog Friedrich I. zur Technischen Hochschule erhoben wurde. Dies brachte ihr den Beinamen Fridericiana ein, den die Hochschule ab 1902 trug. Zwischen 1885 und 1889 war Heinrich Hertz hier Professor für Physik, 1886 gelang es ihm in einem heute noch genutzten und nach ihm benannten Hörsaal, elektromagnetische Wellen von einem Sender zu einem Empfänger zu übertragen: Die technischen Voraussetzungen für drahtlose Telegrafie, Radio und Fernsehen waren gelegt. 1903 schon wieder eine Innovation. Mit Magdalena Meub, Tochter eines Bäckermeisters, wurde an der Fridericiana zum ersten Mal an einer Technischen Hochschule in Deutschland eine Frau zum Studium zugelassen. Nachdem sie bereits der erste weibliche Apothekerlehrling Deutschlands gewesen war, legte sie 1906 mit Auszeichnung ihr Examen in Pharmazie ab. Die erste E-Mail, die einen deutschen Computer erreichte, landete am 2. August 1984 auf einem Rechner von Professor Werner Zorn und seinen Mitarbeitern an der Universität.

1956 wurde auf dem Gebiet von Eggenstein-Leopoldshafen im nördlichen Hardtwald die Gesellschaft für Kernforschung mbH gegründet, die später zum Forschungszentrum Karlsruhe wurde. Die Einrichtungen wurden zu einem Zentrum der Kernenergieforschung in Deutschland. Heute werden die Anlagen rückgebaut und man hat heute ein breites und komplexes Aufgabensprektrum. 2009 fusionierten Universität und Forschungszentrum zum ›Karlsruher Institut für Technologie‹ (KIT) und damit zu einer der größten europäischen Lehr- und Forschungseinrichtungen mit über 9.000 Beschäftigten und über 22.000 Studierenden.

Dass Karlsruhe sich bewegt, zeigen die Baustellen, die dem Besucher an vielen Stellen der Stadt begegnen. Das überaus erfolgreiche Karlsruher Modell macht einen größeren Umbau der City nötig. Eigentlich ist es ja nichts Weltbewegendes: Stadtbahnen nutzen sowohl die innerstädtischen Gleise als auch das Schienennetz der Eisenbahn, doch die Auswirkungen sind gewaltig: Ohne Umsteigen ist beispielsweise eine Fahrt vom Karlsruher Marktplatz nach Baden-Baden, Heilbronn oder in die Pfalz möglich. Immer mehr Linien entstanden in alle Himmelrichtungen und immer mehr Bahnen drängen sich durch die Fußgängerzone der Kaiserstraße. 2002 stimmten die Karlsruher mehrheitlich für die Kombilösung. Nun werden die Bahnen zwischen Durlacher und Mühlburger Tor sowie Augartenstraße unter die Erde verlegt und ein großer Abschnitt der Kriegsstraße erhält einen Autotunnel.

Karlsruhe war und ist also immer für spannende Innovationen gut und es spricht viel dafür, dass dies auch so bleibt.

BLICK VOM MICHAELSBERG AUF UNTERGROMBACH

DER NORDEN

NATURSCHUTZGEBIET ALTER FLUGPLATZ ///
KURT-SCHUMACHER-STRASSE /// 76133 KARLSRUHE ///
WWW.ALTER-FLUGPLATZ-KARLSRUHE.DE ///

SANDBIOTOP INMITTEN DER STADT

Nordstadt – Alter Flugplatz

1

Wer den Alten Flugplatz an einem vier Zugänge betritt, sieht zunächst – nichts. Unser Auge sucht das Besondere, gar Spektakuläre und wird auf dem etwa 70 Hektar großen, freien Gelände nicht fündig. Wer sich aber mit den Hinweistafeln beschäftigt und genau hinsieht, wird entdecken, wie vielfältig das Leben dort ist. Und schon nach ein paar Metern kommen die ersten Langohren in den Blick.

Kaninchen sind die auffälligsten Tiere auf dem Areal, das bereits im 19. Jahrhundert aufgrund seiner Kargheit als Großer Exerzierplatz militärisch genutzt wurde. 1909 wurde dann ein Ankerplatz für Zeppeline eingerichtet, 1913/1914 eine ›einfache Flugzeuglandestelle‹. Seine Blütezeit erlebte der Flugplatz zwischen 1925 und 1936, als Linienflüge in zahlreiche europäische Städte angeboten wurden. Letzte Nutzer waren bis 1993 die US-Streitkräfte. Heute beschränkt sich der ›Flugbetrieb‹ auf Vögel und Insekten und das Gelände ist eines der wichtigsten Sandbiotope Baden-Württembergs. In den Sanddünen und Sandfluren, die in der letzten Eiszeit entstanden, herrscht große Trockenheit und Nährstoffarmut, tagsüber erhitzt sich die Bodenoberfläche sehr stark, nachts kühlt sie dann wieder sehr schnell aus. Mit diesen Bedingungen kommen nur wenige Tiere und Pflanzen zurecht, viele von ihnen stehen unter Naturschutz oder auf der Roten Liste gefährdeter Arten. Nur zu verständlich sind vor diesem Hintergrund die strengen Regeln, die man bitte beachtet.

Am besten betritt man den Alten Flugplatz durch den Eingang Nordwest (Linie S 1/S 11, Haltestelle Kurt-Schumacher-Straße) und folgt dem Weg, der uns wie auf einem Rundkurs zum Eingang zurückbringt. Gleich zu Beginn des Spaziergangs erlebt man vielleicht die natürlichen ›Rasenmäher‹ bei der Arbeit: Esel, die den nördlichen Bereich beweiden und als Steppentiere mit Klima und Nahrungsangebot bestens zurechtkommen.

Bei gutem Wetter lassen sich vom nördlichen Weg ab Kurt-Schumacher-Straße aus die südlich von Karlsruhe gelegenen Bergrücken der Vogesen betrachten.

NATURSCHUTZGEBIET KLEINER BODENSEE /// 76149 KARLSRUHE ///

WO HAUBENTAUCHER NOCH TAUCHEN KÖNNEN

Neureut – Kleiner Bodensee

2

Die beiden lieben sich, das merkt man sofort. Vorsichtig nähere ich mich, ohne sie zu stören. Immer wieder berühren sich ihre Schnäbel, mal zärtlich, mal herausfordernd. Sie werden sich für ihr ganzes Leben lang binden, wenn sie es nicht schon getan haben. Mit einem Lächeln verlasse ich die beiden Schwäne und setze meinen Weg fort.

In unmittelbarer Nähe zu Raffinerie und Ölhafen, zwei wahrlich nicht mit Naturschutz in Verbindung zu bringenden Einrichtungen, liegt ein Areal, wie es ursprünglicher kaum sein könnte: Der Kleine Bodensee entstand vor etwa 200 Jahren aus einer Schlinge des zu dieser Zeit noch nicht begradigten Rheins. Eine gewisse Ähnlichkeit mit Deutschlands größtem Binnensee trug ihm seinen Namen ein. Seit 1985 ist er gemeinsam mit dem benachbarten Baggersee Naturschutzgebiet und Lebensraum unter anderen für Schwarzmilan, Abendsegler, Haubentaucher, Laubfrosch und Europäischen Aal. Auch Pflanzenfreunden bietet das Gebiet eine kaum an anderer Stelle in der Region so anzutreffende Vielfalt. Im Nordwesten, in den häufig überschwemmten Teilen, sind Silber-Weiden beheimatet, imposant sind die alten, knorrigen Exemplare, die sicher viel zu erzählen hätten. Auf den schlickigen Böden sprießen im Sommer Wasserkresse und Wasserfenchel. Im höheren Gelände finden sich Eichen, Ulmen und Schwarzpappeln. Im Westen und Süden des Kleinen Bodensees säumen Röhrichte und Schilf das Ufer. Hier brüten, vor Blicken geschützt, im Frühling und Frühsommer Zwerg- und Haubentaucher sowie Rohrammer.

Wer den Kleinen Bodensee umrundet, sich ruhig und vor allem diszipliniert verhält und auf die Umgebung einlässt, wird immer wieder faszinierende Beobachtungen machen, die auf ihre ganz besondere Art spektakulär sind.

Man erreicht den Kleinen Bodensee über die B 36, Ausfahrt Neureut-Nord/Kirchfeld, und den Unteren Dammweg.

Französische Küche mit badischem Einschlag serviert Küchenchef Wolfgang Nagel in Nagels Kranz (Neureuter Hauptstraße 210, www.nagels-kranz.de).

KARLSRUHER MUNDWERK /// THEODOR-HEUSS-ALLEE,
WALDPARKPLATZ ›KÖNIGSBERGER STRASSE‹ ///
76131 KARLSRUHE /// WWW.KARLSRUHER-MUNDWERK.DE ///

EIN KUNSTWERK MIT BISS

Waldstadt – Mundwerk

3

Man möchte den Joggern und Radlern, die achtlos vorbeihetzen, zurufen: »Bleibt doch mal stehen und staunt!« Denn hier mitten im Hardtwald liegt das größte Gebiss der Welt, dessen Kiefer durch die größte Zahnbürste der Welt geteilt werden. Ihr Griff liegt genau auf einer Linie zum 2.996 Meter entfernten Schlossturm. Das 30 Meter lange und 20 Meter breite Gebiss sowie die 25 Meter lange Bürste haben es sogar ins Guinnessbuch der Rekorde geschafft.

Der Zahn der Zeit nagt unaufhörlich an der markanten Skulptur und erinnert den Betrachter an die Vergänglichkeit nicht nur des eigenen Gebisses, sondern der gesamten belebten Natur. Die Idee der 1959 in Karlsruhe geborenen Bildhauerin Patricia Blum war es, zum einen an den Jahrhundertsturm Lothar zu erinnern, der 1999 über Süddeutschland hinwegfegte. Zum anderen möchte sie aber auch dem Betrachter Schönheit und Ästhetik unserer Zähne, den kleinen Wunderwerken der Natur, näherbringen.

Daher schuf die Künstlerin Zähne aus Bäumen, die Lothar im Hardtwald zu Fall gebracht hatte, und setzte sie maßstabsgerecht an die richtige Stelle des ›Kiefers‹, der auf diese Weise zu einem Abbild des menschlichen Gebisses wurde. Für das Zahnbett verwendete Patricia Blum Rheinkiesel, von ihr als ›Karlsruher Element‹ bezeichnet, was eine gedankliche Verbindung zum nahen Fluss schafft. Schließlich mahnt die Zahnbürste mit ihren Borsten aus Hainbuchen nicht nur an die Reinigung der Kauwerkzeuge, sondern verbindet das Mundwerk mit der Majolika-Manufaktur: Kopf und Griff bestehen aus blauen Fliesen. Und da kaum ein Gebiss völlig intakt ist, wurde nach der Einweihung ein Loch mit einer vergoldeten Keramikfüllung ›zahnärztlich‹ versorgt.

Das Mundwerk erreicht man vom Waldparkplatz ›Königsberger Straße‹ (an der Theodor-Heuss-Allee) aus in einem circa fünfminütigen Fußweg.

Besuchen Sie das Mundwerk zu verschiedenen Jahreszeiten und erleben Sie, wie Natur und Witterung an den Zähnen nagen.

GEDICHTPFAD /// GEWANN NEUENACKER ZWISCHEN FRIEDRICHSTALER ALLEE UND STUTENSEER ALLEE, ERREICHBAR ÜBER THEODOR-HEUSS-ALLEE /// 76131 KARLSRUHE ///

LITERATUR ZWISCHEN BÄUMEN

Waldstadt – Gedichtpfad

4

›Wenn ich an Kopfweh leide und Neurosen, / mich unverstanden fühle oder alt, / wenn mich die holden Musen nicht liebkosen, / dann konsultiere ich den Dr. Wald.‹ Von keinem der üblichen Verdächtigen, weder von Goethe noch von Hesse stammen diese Zeilen, sondern von Helmut Dagenbach, von 1956 bis 1992 leitender Mitarbeiter der Forstlichen Versuchs- und Forschungsanstalt Baden Württemberg. Das Gedicht ist ein Beispiel für das besondere Verhältnis der Deutschen zum Wald. Elias Canetti brachte es auf den Punkt, indem er schrieb, wir Deutsche fühlten uns eins mit den Bäumen (in: ›Masse und Macht‹). Der Wald ist für uns mehr als Holzlieferant oder Sportarena für Wanderer und Jogger, er bringt uns der Natur und ihren Zyklen aus Werden und Vergehen nahe und bietet schließlich auch alles, was der stressgeplagte moderne Mensch zur Entspannung braucht: beruhigendes Grün, wohltuende Lichtspiele, ästhetische Eindrücke.

›Jetzt rede du! Ich lasse dir das Wort! / Verstummt ist Klag' und Jubel. / Ich will lauschen.‹ Conrad Ferdinand Meyer überließ dem Wald das Reden. Wer ausbrechen will aus der vielstimmigen, oft lauten und vor allem permanenten modernen Kommunikation, ist auf dem Karlsruher Gedichtpfad auf dem richtigen Weg.

Westlich der Graf-von-Wiser-Eiche beginnt ein Rundweg, der uns an dreizehn Stationen Gedichte und Zitate aus verschiedenen Epochen präsentiert, die alle den Wald oder Bäume zum Thema haben. Auf grünen Tafeln sind sie an Bäumen angebracht, sodass der Blick auch immer auf den Gegenstand der Texte gerichtet ist. Zumeist muss der Betrachter den Kopf nach oben neigen und drückt unbewusst seinen Respekt vor den oft mächtigen Stämmen aus. Wer den Erzählungen des Waldes lauschen oder den eigenen Gedanken freien Lauf lassen möchte, kann dies auf einer der Bänke des Gedichtpfades tun.

Wanderfreunde sollten den Graf-von-Wiser-Weg gehen: vom Durlacher Tor in Karlsruhe über den Fasanengarten, vorbei am Gedichtpfad nach Friedrichstal.

DER WESTEN

RHEINSTRANDBAD RAPPENWÖRT ///
HERMANN-SCHNEIDER-ALLEE 50 – 54 /// 76189 KARLSRUHE ///
07 21 / 1 33 52 28 ODER 52 29 ///
WWW.KA-BAEDER.DE/RAPPENWOERTBAD ///

EINES DER GRÖSSTEN FREIBÄDER DEUTSCHLANDS

Daxlanden – Rheinstrandbad

5

Der Name täuscht zwar etwas, denn weder gibt es heute am Rhein einen Strand, noch kann man im Fluss baden, doch enttäuscht wird sicher niemand, der das Rheinstrandbad betritt, und das zu jeder Jahreszeit. Dank seiner Lage gehört es sicher auch zu den schönsten Freibädern Deutschlands. Es wird ganzjährig genutzt, im Winter machen Spaziergänger das Bad zu einem Park.

Das Rheinstrandbad wurde 1929 eröffnet. Damals badete man tatsächlich noch im Rhein, allerdings nicht im eigentlichen Fluss, sondern in einem sichelförmigen, von Rheinwasser durchflossenen Becken, das heute nur noch von Enten und Schwänen genutzt werden darf. Ein bisschen wie am Strand fühlt man sich dann aber im Wellenbecken, wo in regelmäßigen Abständen das Wasser in Bewegung gebracht wird. Die Wagemutigen zieht es ins Springerbecken, wer Wasser lieber in blubberndem, strömendem oder brodelndem Zustand genießen will, geht eher ins Erlebnisbecken. Auf der anderen Seite des Geländes planschen die Kleinen und die Schwimmer ziehen ihre Bahnen.

Schon zur ursprünglichen Konzeption gehörte es, den Badebetrieb mit anderen Sportarten zu verbinden. Und so ist es geblieben. Hier kann beispielsweise Basketball oder Tischtennis gespielt werden. Das Rheinstrandbad ist gar Geburtsort einer Sportart, die überwiegend ein Schattendasein führt: Ringtennis. In den 20er-Jahren des vorigen Jahrhunderts lernte der damalige technische Bürgermeister Karlsruhes, Hermann Schneider, auf einer Schiffsreise nach New York das Spiel ›Deck-Tennis‹ kennen. Es muss ihm wohl gut gefallen haben, denn für das neue Bad am Rhein, das Schneider gerade plante, wurden mehrere Spielfelder für die jetzt Ringtennis genannte neue Sportart angelegt. Auch noch heute kann jeder versuchen, einen Moosgummiring so über ein Netz zu werfen, dass er vom Gegner nicht mehr gefangen werden kann.

Das Bad erreicht man mit dem Auto oder der Tram-Linie 6. Das Mittsommerbaden in Juli ist der Höhepunkt des Jahres, vor allem die Schaumparty mit DJ.

NATURSCHUTZZENTRUM KARLSRUHE-RAPPENWÖRT ///
HERMANN-SCHNEIDER-ALLEE 47 /// 76189 KARLSRUHE ///
07 21 / 95 04 70 /// WWW.NAZKA.DE ///

GEBALLTES WISSEN ÜBER DEN RHEIN

Daxlanden – Naturschutzzentrum Rappenwört

Vom Parkplatz aus einfach dem Rhein folgen und Sie erreichen das Naturschutzzentrum. Diese Angabe mag verwirren und ist doch richtig. Denn auf den Fußweg ist der Verlauf des Rheins gemalt, und Kindern macht es Spaß, auf dem schmalen blauen Band zu balancieren. Doch bald schon zieht ein strenger Geruch die Aufmerksamkeit auf sich: Das Wildschweingehege ist erreicht und für die Kleinen gibt es kein Halten mehr.

Das Naturschutzzentrum liegt auf der Rheininsel Rappenwört, deren Name wohl als ›Rabeninsel‹ zu deuten ist. Ihre westliche Seite grenzt an den Rhein. Die übrigen Ufer begrenzt ein Arm des Altrheins, im Sommer leider oft mückenverseucht. Das Gebäude wurde 1928/29 im Bauhausstil errichtet und diente zunächst als Vogelwarte. 1997 wurde das Zentrum eingerichtet, zu dessen Aufgaben vorrangig die Information über den Natur- und Umweltschutz gehört. Zu diesem Zweck ist eine Dauerausstellung zu den Themen Rhein, Rheinauen und Hochwasserschutz eingerichtet. Wechselausstellungen widmen sich überwiegend einzelnen Tierarten und ihren Lebensbedingungen. Wer das Haus betritt, mag sich über ein Klappern wundern, das aus dem Untergeschoss nach oben dringt. Es kommt aus dem Erlebnisraum, in dem kleine Naturforscher Pitsch, den Wassertropfen, auf seiner Reise begleiten können, wobei so mancher ›Tropfen‹ aus der Bahn gerät.

Im Außenbereich des Naturschutzzentrums befinden sich das Wildschweingehege sowie Anlagen für Dam- und Rotwild. Mit etwas Glück kann man den König des Waldes, einen Hirsch mit mächtigem Geweih, ganz nah am Zaun erleben. Neben dem Gebäude lädt das Wasser-Experimentierfeld im Sommer zum Planschen ein. Auch der Mathematikpfad hat seinen Start- und Zielpunkt am Naturschutzzentrum. Er versucht Schülern zu zeigen, wo Mathematik in konkreten Situationen gebraucht wird und nicht nur trockene Theorie ist.

Erkunden Sie die Rheinauen mit dem ausleihbaren ›mobilen elektronischen Naturführer‹: Er navigiert und gibt zu jedem Ort multimediale Informationen.

SCHLAUCHERBRUNNEN ///
ECKE HOLLÄNDER- UND TURNERSTRASSE /// 76189 KARLSRUHE ///

DIE SCHLAUCHER UND DER RHEIN

Daxlanden – Schlaucherbrunnen

7

Johann Gottfried Tulla, geboren 1770 in Karlsruhe, war ein geradliniger Mensch. Zumindest, was seine Arbeit betrifft. Nachdem er bereits mitgeholfen hatte, der Linth, einem kleinen Schweizer Flüsschen, ein gerades Flussbett zu geben, legte er die Pläne zur Rheinbegradigung vor, die ab 1817 begonnen wurde. Für die Daxlander, die damals noch keine Karlsruher waren, hatte der Fluss schon immer zwei Gesichter. Er half den Lebensunterhalt zu sichern und das nicht nur durch den Fischfang: Seit dem Mittelalter gab es hier eine Zollstation, die gute Einnahmen erzielte. Auf der anderen Seite jedoch litten die Daxlander unter den regelmäßigen Überschwemmungen. 1651 gar so schlimm, dass auch die Kirche weggeschwemmt wurde. Durch Tullas Rheinbegradigung lebte man sicherer im Ort, verlor jedoch auch das Privileg der Zollstation.

In diese Zeit kann man sich zurückversetzen, während das Wasser des Schlaucherbrunnens kraftvoll plätschert. Der Bildhauer Ulrich Sekinger schuf den Brunnen 1993 als Symbol für die Verbindung Daxlandens mit dem Rhein und als Hommage an die vergangenen Jahrhunderte. Bronzetafeln zeigen die drei Berufe, die den Ort in früherer Zeit geprägt haben: Bauer, Fischer und Goldwäscher. Ja, bis ins 18. Jahrhundert hinein wurde im Goldgrund, heute Naturschutzgebiet, das Edelmetall aus dem Sand gewaschen. Die Brunnenfigur zeigt einen jungen Mann, der einen riesigen Fisch in seinen Armen trägt. Das Brunnenwasser springt förmlich aus dem Maul des Tieres.

Warum die Daxlander sich ›Schlaucher‹ nennen, ist nicht wirklich klar. Wahrscheinlich ist, dass man sich bei der Errichtung des Dorfes eine windgeschützte Mulde, ›sluch‹ (= Schlauch) genannt, gesucht hat.

Im 19. Jahrhundert zog es viele Künstler der Karlsruher Akademie, unter anderen Hans Thoma, nach Daxlanden; malen in der Natur war damals angesagt.

Die Künstler trafen sich im Gasthaus Krone (Pfarrstraße 18), das bald den Namen ›Künstlerkneipe‹ bekam. Heute lässt sich dort hervorragend speisen.

RESTAURANT RIM WANG /// ECKENERSTRASSE 1 /// 76185 KARLSRUHE ///
07 21 / 69 77 76 /// WWW.RIM-WANG.DE ///

KULINARISCHE REISE INS KÖNIGREICH THAILAND

Grünwinkel – Rim Wang

1/11

Unser kleiner Thailand-Urlaub beginnt, sobald die Eingangstür des Rim Wang ins Schloss gefallen und der Lärm der Straße verstummt ist. Die Begrüßung durch das Personal ist zwar deutsch, jedoch mit ausgesuchter thailändischer Höflichkeit. Weit entfernt vom häufig anzutreffenden Kitsch asiatischer Restaurants ist die dekorative Ausstattung, die üppig, aber niemals aufdringlich ist. Die beiden Inhaber Peter Brecht und Boonchu Choti haben alle Stücke aus dem südostasiatischen Land importiert, was den Räumen eine spürbare Authentizität verleiht. So fällt es leicht, sich zu fühlen, als sei man Tausende von Kilometern entfernt. Über dem Gastraum wacht ein überlebensgroßer stehender Buddha, dessen sanftes Lächeln jene innere Ruhe spiegelt, die sich bei den Gästen sehr bald einstellt.

Ich habe diesmal ›Schu Schi Gung‹ bestellt und der Küchenchef und seine Mitarbeiter haben die gebratenen Garnelen mit rotem Curry, Kokosmilch, Kaffirblättern und Basilikum nach Art des königlichen Hofes zubereitet; wie alle anderen Speisen auch. Nicht ohne Grund besitzt das Rim Wang bereits mehrere Auszeichnungen der thailändischen Regierung dafür, dass hier die unverfälschte, originale Küche des Landes gepflegt wird. Die Schärfe des Chili treibt den einen oder anderen Schweißtropfen auf die Stirn, wird aber gleichzeitig durch andere Komponenten des Gerichts so gemildert, dass es nie als unangenehm empfunden wird. Zum Essen haben wir einen leicht rubinroten Chatemp gewählt: Dieser thailändische Wein mit einer zarten Holznote zeichnet sich durch eine runde Milde im Gaumen aus. Den Abschluss bildet wie immer Ta Goh, ein herrlich frischer Pudding mit Wasserkastanien und Kokosmilch. Zum Abschluss der Wohltat gibt es ein heißes, angefeuchtetes Frotteetuch für Gesicht und Hände, das zum Service des Hauses gehört.

Auch in der Mittagspause lässt sich ein kulinarischer Thailand-Urlaub verbringen. Montag bis Freitag gibt es zwischen 12 und 14 Uhr eine Mittagskarte.

BEIM SCHUPI /// DURMERSHEIMER STRASSE 6 /// 76185 KARLSRUHE /// 07 21 / 55 12 20 /// WWW.SCHUPI.DE ///

D'BADISCH BÜHN VOLKSTHEATER KARLSRUHE GGMBH /// DURMERSHEIMER STRASSE 6 /// 76185 KARLSRUHE /// 07 21 / 55 25 00 /// WWW.BADISCH-BUEHN.DE ///

KULINARISCH-KULTURELLES GESAMTERLEBNIS

Grünwinkel – Beim Schupi und d'Badisch Bühn

8

Eine eierlegende Wollmilchsau wird oft gesucht, vor allem in Stellenanzeigen, doch selten gefunden. Doch in der Durmersheimer Straße in Grünwinkel gibt es sie: Beim Schupi ist Restaurant, Hotel, Volkstheater und Biergarten in einem. 1982 gründete Peter Schuster, genannt Schupi, gemeinsam mit zehn Freunden d'Badisch Bühn. Nach Beginn in Rüppurr fand man in Grünwinkel ein Domizil, das zusätzlich Hotelbetrieb und Restaurant ermöglichte. Auch nach Schusters Tod 1999 blieb sein Erbe erhalten und so ist Beim Schupi heute eine feste Größe nicht nur in der Gastronomie-, sondern auch in der Theaterszene Karlsruhes.

Die Stücke von Hausautor und künstlerischem Leiter Jürgen Hörner sind durchweg in Mundart verfasst. Zumeist in einem badischen Wohnzimmer spielend, zeigen die Schwänke und Komödien die üblichen Verwirrungen und Verirrungen, die natürlich immer wieder zu einem guten Ende kommen. Konflikte gibt es auch, aber auf Badisch ausgedrückt wirken sie schon viel harmloser, so wie auch mancher derbe Witz. Das kommt den Stücken zugute, die dem Publikum auch mal den Spiegel vorhalten. Den Laiendarstellern sieht man nicht an, dass die Schauspielerei nicht ihr Beruf ist, gehen sie doch immer mit großer Spielfreude ans Werk. Während sie auf der Bühne agieren, wird unten im knapp über zweihundert Personen fassenden Theatersaal gegessen und getrunken.

Wer sich vor dem Theaterbesuch stärken will, danach noch gemütlich beisammensitzen möchte oder einfach nur Hunger oder Durst, vielleicht gar beides, verspürt, dem bieten Restaurant und Biergarten ausreichend Möglichkeiten. Jeden Tag wird draußen zwischen schattigen alten Bäumen ein anderes Sommer-Kult Bier serviert und wer bei der Auswahl des Essens nicht lange überlegen will, dem sei einer der Thementage empfohlen, wie der Schnitzel- oder der Flammkuchen-Tag.

Das Team vom Schupi liefert das Gesamterlebnis als fertige Arrangements (auch mit Übernachtung), die sich hervorragend als Geschenk eignen.

HOFGUT MAXAU /// LEINPFAD 24 /// 76187 KARLSRUHE ///
WWW.HOFGUT-MAXAU.DE ///

KARLSRUHES WOHNZIMMER AM RHEIN

Knielingen – Hofgut Maxau und Landschaftspark Rhein

9

Flüsse waren für die Menschen schon immer etwas Besonderes. Ihr Wasser diente zum Waschen und oft auch zum Trinken, es machte die Wiesen und Äcker fruchtbar. Flüsse lieferten den Fischern ihre Lebensgrundlage, sie waren und sind wichtige Transportwege.

Während viele Siedlungen und Städte direkt an den Fluss gebaut wurden, hält Karlsruhe Abstand vom Strom. Doch der im Aufbau befindliche Landschaftspark soll die Karlsruher wieder an ›Vater Rhein‹ heranführen. Wenn man von den Sitzstufen am Hofgut Maxau aus das glitzernde Wasser und die langsam vorbeiziehenden Schiffe betrachtet, fühlt man sich an ein Freilufttheater erinnert. Doch hier wird keine dramatische Handlung geboten, sondern Entschleunigung pur, verbunden vielleicht mit einem Sonnenbad oder Picknick.

Mag sein, dass so mancher hier vom Wertvollsten träumt, was der Fluss verborgen hält: dem Rheingold. Nein, nicht von jenem legendären Schatz der Nibelungen ist die Rede, sondern von kleinen Krümeln, die sich im Sand und Schotter des Flussbetts finden. Im 18. Jahrhundert gab es in Knielingen noch Goldwäscher, die das wertvolle Metall über großen hölzernen Waschtrögen oder Waschtischen auswuschen. Einen Eindruck von dieser Arbeit gibt das Knielinger Heimatmuseum (Juni – September, sonntags 14.00 – 17.00 Uhr), wo Goldwäscher mit ihrer Tracht und ihren Utensilien nachgebildet sind. Überhaupt lohnt ein Besuch des kleinen Museums, um einzutauchen in die beschwerliche Lebens- und Arbeitswelt vorheriger Generationen.

Das Museum ist in einem ehemaligen Hühnerstall des Hofguts Maxau untergebracht. Durch die Rheinbegradigung kamen drei pfälzische Inseln zu Baden, und Markgraf Maximilian ließ sie miteinander verbinden. So entstand 1835 ein Gutshof, der zuerst Maximilians-Au, ab 1860 nur noch Maxau genannt wurde. Somit liegt Karlsruhe dann doch mit einem kleinen Stück direkt am Rhein.

Das Knielinger Museum ist ein lebendiges Museum mit vielfältigen Veranstaltungen (z. B. Museumsfest im September). Heiraten kann man dort auch.

SONNENBAD /// HONSELLSTRASSE 39 /// 76189 KARLSRUHE ///
07 21 / 1 33 52 30 /// WWW.KA-BAEDER.DE/SONNENBAD/ ///

HALLENBAD OHNE HALLE

Mühlburg – Sonnenbad

10

Das Thermometer zeigt 0 °C an. Für Februar eine normale, fast schon etwas zu hohe Temperatur. Jetzt ins warme Wasser zu springen, müsste doch eigentlich ein Vergnügen sein. Doch es ist etwas anderes, wenn man am Beckenrand eines Freibads steht. Da fröstelt man doch mehr und die erste Minute im 28 Grad warmen Wasser des Sonnenbads bringt noch nicht die wohltuende Erwärmung. Der Blick geht sehnsüchtig zum Schornstein des nahen Heizwerks, als ob von dort Erlösung käme. Gut, man ist ja auch nicht einer jener Abgehärteten, die es so oft wie möglich in ein Freibad zieht, das von Februar bis zum 1. Advent geöffnet hat.

Jährlich zählt das Bad über 130.000 Besucher, von denen viele besonders die Atmosphäre der Vor- und Nachsaison schätzen. Dann wird das Wasser immer wieder der Lufttemperatur angepasst und auch die Umkleidekabinen sind erwärmt: fast wie in einem Hallenbad. Wer's noch wärmer mag, geht in die Sauna. Vielen Besuchern geht es nicht darum, möglichst lange im Wasser zu bleiben. Für sie steht das regelmäßige, gesundheitsfördernde Schwimmen an frischer Luft im Vordergrund. Eine besondere Stimmung herrscht an sonnigen Herbsttagen, wenn die klare Luft die Sommerhitze abgelöst hat, aber immer noch auf die windgeschützte Liegewiese einlädt. Auch für die weniger kälteerprobten Besucher bietet das Sonnenbad einiges: einen Massagepilz, Kinderspielplatz, Tischtennis-, Ringtennis- und Volleyballplätze, Nichtschwimmerbecken mit Rutsche und Kiosk.

Im Jahr 1915 eröffnet, trug das Bad den Namen ›Städtisches Schwimm- und Sonnenbad am Rheinhafen‹. Nach dem Krieg wurde es als Rheinhafenbad wieder in Betrieb genommen und erhielt 2005 den Namen Sonnenbad zurück. Er versprüht Optimismus auch an kalten, trüben Tagen. Dafür sorgt auch der Schutzengel, den der Künstler Guntram Prochaska 2012 zusätzlich aus einem Baumstamm schuf.

Schwimmen und dabei Gutes tun kann man beim 12-Stunden-Schwimmen, bei dem die zurückgelegten Kilometer in Euro umgerechnet und einem guten Zweck zugeführt werden.

KARLSRUHER VERSORGUNGS-, VERKEHRS- UND HAFEN GMBH ///
WERFTSTRASSE 2 – 4 /// 76189 KARLSRUHE /// 07 21 / 5 99 74 00 ///
WWW.RHEINHAFEN.DE ///
MWF

AUCH KARLSRUHE IST EINE HAFENSTADT

Mühlburg – Rheinhafen

11

»Die Gondeln sollten Hochzeitspaare transportieren, sollten den Hafen aufwerten in Richtung Gemüt, Familie, in Richtung Partnerschaften. (…) Und sie sollten dann auch, später, Liebespaare aufnehmen.« Der Künstler Bert E.A. Klag erklärte mir bei einem Radiointerview das Ziel seiner spektakulären Idee. Klag, der im Rheinhafen lebt und arbeitet, verfolgte bis 2009 das Ziel, venezianische Gondeln inmitten von Binnenschiffen, Verladeanlagen und Lagerhäusern fahren zu lassen, dann musste er das Projekt wieder aufgeben. Trotzdem ist der Hafen auch hierdurch wieder ins Bewusstsein der Karlsruher getreten.

Eigentlich sind es ja zwei Rheinhäfen, doch ist der Ölhafen für die Öffentlichkeit gesperrt. Somit ist der 1898 bis 1901 angelegte Stadthafen, der aus der Luft betrachtet an die zu einer Geste geformten Finger einer Hand erinnert, der eigentliche Zugang zum Rhein. Der Duft der großen weiten Welt ist es vielleicht nicht, doch am Containerterminal machen die größten auf dem Rhein fahrenden Schiffe fest. Sie verbinden Karlsruhe mit Rotterdam, Antwerpen und Amsterdam. Da kommt es dann hoch: das Fernweh, die Sehnsucht, gemütlich dem Meer entgegenzuschippern. Zu viel Wasser ist manchmal nicht gut, und so wird die Hafeneinfahrt bei Hochwasser durch ein Sperrtor von den Rheinfluten getrennt. Am besten kann man es bei einer Hafenrundfahrt während des Hafen-Kultur-Festes am letzten Juniwochenende betrachten.

Zwar keine Gondeln, doch Ruderboote und Kanus sieht man immer wieder im Hafenwasser. Neben den Schiffen wirken sie zerbrechlich, doch diejenigen, die sie mit Muskelkraft antreiben, sind alles andere als schwach. Der Hafen bietet ideale Bedingungen für Freizeit- und Leistungssportler. Aus den Reihen der ›Rheinbrüder‹, die ihr Trainingszentrum am Hafen haben, kamen schon etliche Medaillengewinner bei Welt- und Europameisterschaften.

Am Becken II liegt die MS Karlsruhe, mit der man zu Ausflugsfahrten auf den Rhein starten kann. www.fahrgastschiff-karlsruhe.de

HAYDNPLATZ /// 76133 KARLSRUHE ///

GROSSBÜRGERLICHES STREIT-ERGEBNIS

Weststadt – Haydnplatz und Hildapromenade

12

Wenn zwei sich streiten – kommt dennoch ein schöner Platz heraus. So könnte das Fazit eines kuriosen Architekturstreits zu Anfang des 20. Jahrhunderts lauten. 1901 stellte der Architekt Heinrich Sexauer seinen Entwurf für großbürgerliche Mietwohnhäuser und einen auf die Architektur abgestimmten Platz, den heutigen Haydnplatz, vor, dessen Prunkstück ein Brunnen sein sollte. Die Bebauung fand zwischen 1903 und 1913 mit drei Gebäuden statt, in die unter anderen Fabrikanten, Bankiers, Architekten und Künstler einzogen. Das heutige Aussehen der Wohnhäuser entspricht jedoch nicht mehr der ursprünglichen Architektur, denn sie brannten im Zweiten Weltkrieg aus und wurden 1955 nicht originalgetreu wieder aufgebaut.

Gegen die Pläne Sexauers leistete der damalige städtische Gartendirektor Friedrich Ries heftigen Widerstand und realisierte 1908 einen eigenen Entwurf zur Bepflanzung des Platzes. 1911 griff Sexauer tief in die kapitalistische Trickkiste: Sein Münchner Onkel Albert Lang erklärte sich bereit, umgerechnet 100.000 Euro für den Brunnen zu stiften, wenn die von Ries verantwortete Begrünung entfernt und sein Neffe mit der Neugestaltung beauftragt würde. So geschah es. Die Brunnenanlage wurde 1916 in Betrieb genommen, die ursprünglich geplanten, von Bernhard Bleeker entworfenen Figuren jedoch nicht mehr hergestellt. An ihre Stelle traten erst 1973 die aus Kunststein gegossenen Plastiken Eurydike und Orpheus von Emil Sutor.

Der Haydnplatz liegt ungefähr in der Mitte eines Straßenzuges, der durch eine Grünfläche in eine nördliche und südliche Hälfte geteilt wird: Die Hildapromenade, 1903 nach Prinzessin Hilda von Nassau (1864 – 1952), der letzten badischen Großherzogin, benannt. Heute nicht mehr erkennbar ist die Ursache der Teilung: Bis 1913 fuhr hier die Maxaubahn entlang, die Karlsruhe mit Maxau am Rhein verband.

☞ An der Ecke Südliche Hildapromenade/Stabelstraße erinnert eine Büste Wilhelm Kolmars an die Mundartdichterin Lina Sommer (gestorben 1932 in Karlsruhe).

GUTENBERGPLATZ /// ZWISCHEN NELKEN- UND SOPHIENSTRASSE ///
76135 KARLSRUHE ///

MEDITERRANES TREIBEN AM KRAUTKOPF

Weststadt – Gutenbergplatz

13

Die Sonne lacht über dem Gutenbergplatz. Es ist noch recht früh an diesem Samstagvormittag, und doch herrscht schon ein buntes Gewusel auf dem Wochenmarkt. Gerne lasse ich mich ein bisschen treiben zwischen all den frischen Angeboten an den Ständen und den vielen verlockenden Gerüchen, die an die Nase dringen. Der Markt findet dienstags, donnerstags und samstags statt, doch ist die Auswahl am Wochenende am größten.

Man könnte den ganzen Tag am Gutenbergplatz verbringen, denn hier ist immer was los. Fröhlicher, mediterraner ist Karlsruhe an keiner anderen Stelle. Hier trifft man sich zum Frühstücken, zum Lunch oder abends gemütlich im Biergarten und der ganze Platz wird zu einer großen Kneipe, deren akustische Untermalung verschiedene Straßenmusikanten übernehmen.

An einem Tag ohne Markt ist der Blick frei auf das Zentrum des Platzes und seine beiden Brunnen. Entworfen hat sie 1905 der Durlacher Architekt Friedrich Ratzel, der im selben Jahr ordentlicher Professor der Technischen Hochschule Karlsruhe wurde. Aus der Mitte des erhöhten kleineren Beckens ragt eine zylinderartige Form in die Höhe, die mit neun Figuren geschmückt ist. Diese sind in einer schreitenden Bewegung dargestellt und tragen auf ihren Schultern gemeinsam eine Girlande. Auf der Kuppel aus neun Metallrippen thront ein Krautkopf, der dem Brunnen den Namen Krautkopfbrunnen einbrachte. Das Wasser fließt aus den Blättern des Krautkopfes und fällt durch neun Wasserspeier in das größere der beiden Brunnenbecken. An seiner Ostseite steht ein kleiner Nutzbrunnen, dessen Figur einen schlafenden Pelikan darstellt.

Längst ist der Krautkopfbrunnen zum Wahrzeichen der Weststadt geworden, seit 2007 findet jährlich das Krautkopffest auf dem Gutenbergplatz statt.

Für einem Moment des Innehaltens sorgt ein Schild des Projekts ›Platz der Grundrechte‹, auf dem es zum Beispiel heißt: ›Die Zeit, die wir haben, ist unsere größte Freiheit …‹

SOPHIENSTRASSE /// 76135 KARLSRUHE ///

STRASSE DES JUGENDSTILS

Weststadt – Sophienstraße

14

Die Sophienstraße gehört zu den längsten Straßenzügen Karlsruhes. Im Osten beginnt sie am Karlstor und gehört noch zur Innenstadt-West. Ab der Leopoldstraße verläuft sie in nahezu westliche Richtung, bis sie am Gutenbergplatz wieder leicht Richtung Westnordwest schwenkt. Die Sophienstraße endet am Entenfang im Stadtteil Mühlburg. Ihr interessantester Teil liegt jedoch in der Weststadt zwischen den Hausnummern 105 und 142. Hier sind noch viele Fassaden im Jugendstil erhalten, die zeigen, dass Karlsruhe nach Darmstadt die bedeutendste Stadt dieser Stilrichtung in Südwestdeutschland ist. 32 zwischen 1893 und 1913 gebaute Häuser sind als Kulturdenkmal geschützt. Dazu gehört das Haus Nummer 120, das 1902 von Hermann Billing, einem der bedeutendsten Jugendstilarchitekten, für den Zimmermeister Friedrich Nagel und den Dekorationsmaler Heinrich Weinschenk gebaut wurde. Überhaupt fällt auf, wie viele der Häuser hier und in der abzweigenden Schillerstraße im Auftrag von Handwerkermeistern errichtet wurden, die so auch äußerlich ihre Zugehörigkeit zum Großbürgertum demonstrierten. An der Ecke zur Schillerstraße steht die Bonifatiuskirche, zwischen 1906 und 1908 gebaut, deren Entwurf in historisierendem Stil mit vereinzelten Jugendstilelementen vom Kirchenbaumeister Johannes Schroth stammt.

Vor der Hausnummer 87, ebenfalls ein Jugendstilhaus, finden wir einen Stolperstein, einen jener in den Boden eingelassenen Gedenktafeln des Künstlers Gunter Demnig, die an von den Nationalsozialisten deportierte und ermordete Menschen erinnern. Hier ist es die Familie von Chaim Färber, die 1933 in die Niederlande floh, von dort 1942 deportiert und in Auschwitz ermordet wurde.

Zwischen Herder- und Scheffelstraße teilt sich die Sophienstraße und die Begrünung im Mittelstreifen lässt sie zu einem der schönsten Wohnquartiere Karlsruhes werden.

Nach dem Jugendstil-Sightseeing lässt es sich gut in der Nottingham-Anlage (Ecke Moningerstraße) mit ihrem Springbrunnenensemble verweilen.

MAROTTE FIGURENTHEATER /// KAISERALLEE 11 /// 76133 KARLSRUHE ///
07 21 / 84 15 55 /// WWW.MAROTTE-FIGURENTHEATER.DE ///

WO FIGUREN ZUM LEBEN ERWECKT WERDEN

Weststadt – marotte Figurentheater

15

Figurentheater ist doch was für Kinder. Der Kasperle ist auch wieder da! Natürlich ist man als Vater irgendwann einmal in einem Puppentheater gewesen, hat lustiges Geplapper und Kindergeschrei über sich ergehen lassen, um dem Nachwuchs etwas zu bieten. Doch halt: Das marotte Figurentheater ist kein Puppentheater im klassischen Sinn und widerlegt auf fantastische Weise das Vorurteil, Puppen seien nur was für Mädchen.

Vorläufer des marotte war das Marionettentheater Trude Rehse, das ab 1971 Kinderaugen zum Leuchten brachte. 1987 wurde es von Thomas Hänsel und Frank Soehnle übernommen, die es in marotte-Figurentheater umbenannten. Hänsel ist Diplom-Puppenspieler und hat in seiner Ausbildung alle Facetten des Puppenspiels kennengelernt: neben den klassischen Marionetten und Stabpuppen auch das Spiel mit Objekten und Schatten. Daher änderte sich mit dem Namen auch das Konzept. Das marotte bietet heute für jede Altersklasse etwas. Die Dreijährigen erfreuen sich am Grüffelo nach dem Kinderbuch der britischen Schriftstellerin Julia Donaldson, die über Fünfjährigen zieht Käpten Knitterbart auf seinem Schiff Stinkende Sardine in seinen Bann und ab sieben hat man mit Ronja Räubertochter nach Astrid Lindgren seinen Spaß. Auch für die Erwachsenen gibt es jede Menge Begegnungen mit einer Kunstform, die Erstaunliches zu bieten hat, wie das Programm ›Männer sind anders. Frauen auch!‹ exemplarisch zeigt: In dem Reigen vom ersten Verliebtsein bis zum dicken Ende spielen Friederike Krahl und Thomas Hänsel mit Puppen, Schatten und diversen Objekten.

Zu meinen persönlichen Höhepunkten gehören die Ettlinger Sagen: Mirko Sommer alias Carsten Dittrich, Mitarbeiter der Stadtreinigung, und seine Begleiter, den Geist der Markgräfin Franziska Sibylla Augusta oder den verfluchten Bäckermeister Ignaz Mehlwurm, muss man gesehen haben.

Im marotte sind immer wieder spannende Gäste zu erleben und das jährliche Festival marottinale bietet sämtliche Facetten des modernen Figurentheaters.

INNENSTADT-WEST

PRINZ-MAX-PALAIS / STADTMUSEUM /// KARLSTRASSE 10 ///
76124 KARLSRUHE /// 07 21 / 1 33 42 31 ///
WWW.KARLSRUHE.DE/KULTUR/STADTGESCHICHTE/STADTMUSEUM.DE ///

KULTUR IM HAUS DES LETZTEN KANZLERS

Prinz-Max-Palais

16

›Seine Majestät der Kaiser und König haben sich entschlossen, dem Throne zu entsagen.‹ So beginnt jene Proklamation, mit der das Ende der deutschen Monarchie besiegelt wurde. Ohne vom Kaiser autorisiert worden zu sein, verkündete Reichskanzler Max von Baden gegen Mittag des 9. November 1918 dessen Abdankung und übertrug das Amt auf Friedrich Ebert. Nun konnte sich der letzte Thronfolger Badens wieder in sein Palais nach Karlsruhe zurückziehen, wo es ihn jedoch nicht lange hielt.

Der Architekt Josef Durm erbaute die Stadtvilla im Gründerzeitstil für den Großunternehmer August Schmieder als Altersruhesitz. Im Jahr 1900 zog dann der Thronfolger des Hauses Baden ein. Nach Renovierung der erheblichen Kriegsschäden residierte hier 1951 – 1969 das Bundesverfassungsgericht, danach beherbergte es bis 1975 die Pädagogische Hochschule, und erst 1981 wurde das Prinz-Max-Palais, was es heute ist: ein wichtiges Kulturzentrum.

Das Erdgeschoss bietet mit der städtischen Kinder- und Jugendbibliothek meterweise Stoff für junge Leseratten. Eine Treppe höher führt das Stadtmuseum den Besucher in acht Räumen durch die verschiedenen Epochen der Karlsruher Geschichte. Einige von ihnen werden durch Rauminszenierungen lebendig. Neben dem Blick in ein Wohnzimmer des Biedermeier dürfte für die ›Generation Golf‹ auch die Einrichtung einer Waldstadt-Wohnung aus der Zeit um 1960 wie von einem anderen Stern erscheinen; die Älteren aber werden sich schmunzelnd an ihre Zeit mit diesen Möbeln erinnern. Die literaturbegeisterten Erwachsenen zieht es ins zweite Obergeschoss. Das Museum für Literatur am Oberrhein dokumentiert das literarische Leben der Region von den Anfängen bis zur Gegenwart auf sehr lebendige und moderne Art. Man sollte sich Zeit nehmen für die vielen kleinen Geschichten, mit denen die Audioführung den Exponaten Leben einhaucht.

Nach der Kultur ins Café Max: Entspannung auf der Terrasse mit Blick auf den Springbrunnen, im Sommergarten oder im eleganten Inneren. www.max-cafe-bar.de

MARKTPLATZ /// 76133 KARLSRUHE ///

STADTGRÜNDER UND STRASSENBAHNEN

Marktplatz und Pyramide

Beim Häckeln seiner Tulpenbeete ward's um ihn geschehen. Am 12. Mai 1738 starb der Blumenfreund und Stadtgründer, Markgraf Karl-Wilhelm. Sein Leichnam wurde, seinem letzten Willen entsprechend, in der Gruft der Konkordienkirche beigesetzt. Allerdings wurden Eingeweide und Herz entnommen und in der Gruft der Pforzheimer Schlosskirche bestattet. Nach-Nachfolger Karl-Friedrich, der erste badische Großherzog, beendete die letzte Ruhe seines Großvaters und beauftragte Friedrich Weinbrenner, eine repräsentative Nord-Süd-Achse zu entwerfen. Weinbrenner gestaltete auch den Marktplatz um und die Konkordienkirche musste 1807 der klassizistischen Architektur des Platzes weichen. Über der Krypta wurde zunächst eine provisorische Holzpyramide gebaut, die 1823 durch ein Pendant aus Sandstein ersetzt wurde.

Besichtigen kann man das Grab jedoch nicht, denn das Innere der Pyramide ist nicht mit dem Gewölbe verbunden, in dem sich der Sarkophag des Markgrafen befindet. Überhaupt wurde die Pyramide seit 1825 erst zweimal betreten: Zuerst von Großherzog Friedrich I. von Baden 1889 und dann 1998 von einer Gruppe aus Vertretern der Stadt Karlsruhe und Bernhard Prinz von Baden.

Der Marktplatz ist einer der zentralen Knotenpunkte von Straßen- und S-Bahnen und auch, oder gerade deshalb, ein wichtiger Treffpunkt für Verabredungen. Wer allzu interessiert seine ebenfalls wartenden Mitmenschen betrachtet, kann schon mal eine Frage wie diese zu hören bekommen: »Bis du Manfred?« Nein, bin ich nicht. Und ich bin auch mit niemandem hier verabredet. Aber ich wünsche viel Glück, dass er bald kommt und der Richtige ist.

Einen richtigen Wochenmarkt sucht man hier vergebens, dafür aber lohnt sich ein Besuch des täglichen Blumenmarkts, dessen Angebot durch Obst und Gemüse abgerundet wird. Im Mittelpunkt aber stehen vielfältige Angebote einheimischer und exotischer Pflanzen.

Brigande nannte man die beim Schlossbau beschäftigten Gastarbeiter. Das Brigandefescht im Mai/Juni bietet badische und internationale Spezialitäten.

BADISCHES LANDESMUSEUM /// SCHLOSS /// 76131 KARLSRUHE ///
07 21 / 9 26 65 14 /// WWW.LANDESMUSEUM.DE ///

WO EINST KARL ZU RUHEN PFLEGTE

Schloss und Badisches Landesmuseum

18

Es ist optischer Mittelpunkt und Keimzelle Karlsruhes zugleich: Das Schloss. Was wir heute sehen, sind aber nicht mehr die Mauern, zwischen denen die Badischen Markgrafen und Großherzoge lebten und regierten. Auch ein Tarnanstrich konnte nicht verhindern, dass der prächtige Bau 1944 in Schutt und Asche gelegt wurde und nach dem Zweiten Weltkrieg wiederaufgebaut werden musste. Da war es aber schon längst kein Herrschersitz mehr.

Einst soll Markgraf Karl Wilhelm von Baden-Durlach bei einem Jagdausflug im Hardtwald unter einem Baum eingeschlafen sein. Er träumte von einem prachtvollen Schloss, zu dem die Straßen der Stadt wie Sonnenstrahlen führten. Genau 32 Straßen und Alleen wurden angelegt, entsprechend den Segmenten der Kompassrose. Zum Karlsruher Fächer wurde die Konstruktion, da sich die Bebauung auf die Südseite konzentrierte und die Innenstadt daher einem geöffneten Fächer ähnelt. Böse Zungen behaupten, so habe sich der Markgraf seine Gespielinnen besser von allen Seiten ›zutreiben‹ lassen können, denn 50, ja 60 Mätressen sollen zeitweise im Schloss gelebt haben. Wie dem auch sei: Karl Wilhelm bewies visionäre Größe und ließ die Stadt ›Carols Ruhe‹ am Reißbrett entwerfen. Am 17. Juni 1715 beginnt mit der Grundsteinlegung des Karlsruher Schlosses auch die Geschichte dieser Stadt.

Nach dem Thronverzicht Großherzog Friedrichs II. 1918 übernahm der badische Staat das Schloss und Teile des Inventars. 1919 eröffnete das Badische Landesmuseum, das heute von der Urgeschichte bis zur Gegenwart die Geschichte des deutschen Südwestens hautnah und überaus anschaulich präsentiert. Ein Höhepunkt ist sicher die ›Türkenbeute‹: Trophäen, die durch die Beteiligung der Markgrafen an den Kriegen gegen das Osmanische Reich nach Karlsruhe kamen. Ludwig Wilhelm (1655–1707) wird deswegen auch ›Türkenlouis‹ genannt.

☞ Wenn man die 158 Stufen überwunden hat, kann man vom Schlossturm aus in 42 Metern Höhe einen tollen Rundumblick über den Karlsruher Fächer genießen.

SCHLOSSGARTEN /// 76133 KARLSRUHE ///

MONUMENTALE DICHTER UND DICHTER-MONUMENTE

19

Denkmäler im Schlosspark

Wenn de amme/ Chrüzweg stohsch/und nümme weisch/wo's ane goht/halt still und frog/di G'wisse z'erst/'s cha dütsch Gottlob/und folg si'm Roth. (Wenn du am Kreuzweg stehst und nicht weißt, wo's lang geht, halte inne und frag zuerst dein Gewissen. Es spricht deutsch, gottlob, und folge seinem Rat.) Treffender als Johann Peter Hebel kann man das Vertrauen zu sich selbst wohl nicht formulieren.

Johann Peter Hebel verbrachte viele Jahre seines Lebens in Karlsruhe, zunächst als Gymnasiast, dann als Subdiakon des Gymnasiums, ab 1798 außerdem als außerordentlicher Professor und Hofdiakon. Er predigte daher auch gelegentlich am Hofe des Markgrafen Karl Friedrich. In seine Karlsruher Zeit fallen auch die Kalendergeschichten, unter anderem die bekannte Erzählung ›Kannitverstan‹. Und auch die ›Alemannischen Gedichte‹ erschienen erstmals 1803 in der Fächerstadt. Neun Jahre nach seinem Tode schufen 1835 der Architekt Joseph Berckmüller den neogotischen Sockel samt Baldachin und der Bildhauer Friedolin Fechtig die Büste, die Hebel mit vergoldetem Lorbeerkranz darstellt. Die Inschrift auf der Vorderseite des Sockels bezeugt die große Verehrung, die man Hebel in Karlsruhe entgegenbrachte.

Geht man weiter in Richtung Willy-Brandt-Allee und biegt dann vor dem Parkausgang rechts ab, erreicht man eine von Carl Steinhäuser 1866 gefertigte Skulptur mit zwei Figuren, die ›entgegen der sinkenden Sonne‹ gehen, wie es auf der Säule des nach Westen ausgerichteten Denkmals geschrieben steht. Es handelt sich um Hermann und Dorothea aus Johann Wolfgang von Goethes gleichnamigem Gedicht (1797). Erzählt wird dort die Geschichte der anfänglich schwierigen Liebe Hermanns, Sohn aus wohlhabendem Hause, zu dem Flüchtlingsmädchen Dorothea, die er aus Angst vor Abweisung zunächst nur als Magd anstellt.

Am westlichen Ausgang, der Kreuzung Willy-Brandt-Allee/Moltkestraße, erinnert ein Gedenkstein an die Ermordung Siegfried Bubacks am 7. April 1977.

SCHLOSSGARTENBAHN /// SCHLOSSGARTEN /// 76133 KARLSRUHE /// 07 21 / 61 07 58 85 /// WWW.KVV.DE/FREIZEIT/FREIZEITBAHNEN/SCHLOSS-GARTENBAHN.HTML ///

SCHLOSSGARTEN-EXPRESS MIT 50 PS

Schlossgartenbahn

20

»Tuuut.« Was ist das? Ortsunkundige Besucher des Schlossparks bleiben verwundert stehen und suchen die Quelle des seltsamen Geräuschs. Dann ertönt ein leises Rattern und wie aus dem Nichts biegt sie um die Ecke: die Schlossgartenbahn. Die nur 60 Zentimeter breiten Schienen, die häufiger die Wege kreuzen, werden leicht übersehen und so muss der kleine Zug immer wieder auf sich aufmerksam machen.

Nicht nur den kleinen Besuchern des Schlossparks macht die rund 20-minütige Fahrt mit der Schlossgartenbahn einen Riesenspaß. Man muss sich als Erwachsener schon etwas ducken, um in die kleinen Waggons zu steigen und auf den ungepolsterten Sitzbänken Platz zu nehmen. Dafür kann man dann in aller Ruhe durch den Park tuckern, die verschiedenen Anlagen betrachten und den amüsierten Passanten zuwinken.

Die Schlossgartenbahn war Teil der Bundesgartenschau 1967 und sollte eigentlich wieder abgebaut werden. Doch die Karlsruher wollten ihr lieb gewonnenes Bähnle nicht mehr hergeben. Nach langen Verhandlungen mit den zuständigen Behörden wurde endlich der regelmäßige Bahnbetrieb erlaubt. So dreht die Bahn nun zwischen Karfreitag und Allerheiligen jedes Wochenende, zwischen Juni und Oktober zusätzlich auch montags bis freitags ihre zweieinhalb Kilometer langen Runden. Und wie es sich für eine richtige Bahn gehört, gibt es zwischen Schloss und Willy-Brandt-Allee einen Bahnhof mit Fahrkartenschalter und natürlich einen richtigen Fahrplan der Verkehrsbetriebe Karlsruhe.

Zumeist wird die Schlossgartenbahn von einer Diesellok gezogen, doch an Sonn- und Feiertagen schnauft die ›Greif‹ über die schmalen Gleise. Die 1939 gebaute Dampflok diente nach den Zweiten Weltkrieg zunächst als Lastesel für Trümmer- und Bauzüge. Seit den 70er-Jahren darf sie fröhliche Menschen statt Kriegsreste ziehen. Fast meint man zu hören, wie glücklich sie darüber ist.

☞ Das Bähnle fährt nur bei schönem Wetter. Abfahrt ist alle 20 Minuten. In der Hochsaison herrscht Andrang, man sollte dann eine Wartezeit einplanen.

BOTANISCHER GARTEN KARLSRUHE /// HANS-THOMA-STRASSE 6 ///
76131 KARLSRUHE /// 07 21 / 9 26 30 08 ///
WWW.BOTANISCHER-GARTEN-KARLSRUHE.DE ///

EIN HAUCH VON EXOTIK

Botanischer Garten

21

Ohne Stamm sprießen ihre Blätter weit ausladend und fächerförmig aus dem Boden und scheinen somit kongenial zum Stadtplan Karlsruhes zu passen. Die Rede ist von der Yucca × Karlsruhensis, einer 1898 vom damaligen Großherzoglich Badischen Hofgartendirektor Leopold Graebener gezüchteten Yuccapalme. Sie ist nur eine von vielen exotischen Pflanzenarten im Botanischen Garten und seinen Schauhäusern.

Unter Graebener erlebte der schon unter Stadtgründer Karl Wilhelm angelegte Botanische Garten seine Blütezeit. Die ursprünglich vor dem Schloss gelegene Anlage wurde im 19. Jahrhundert an ihren heutigen Ort verlegt. Zwischen Bundesverfassungsgericht und Kunsthalle findet der Besucher eine Oase der Ruhe, in der er entlang alter Laub- und Nadelgehölze, seltener Bäume und Sträucher wandeln kann. Oder er sitzt auf einer Bank an einem der beiden Wasserbecken, in denen zwischen blühenden Seerosen Karpfen und Goldfische ihre Runden ziehen. Mit etwas Fantasie fühlt man sich in einen jener Gärten des 19. Jahrhunderts zurückversetzt, in denen die Bürger lustwandelten.

In den 50er-Jahren des 19. Jahrhunderts wurden die alten Gewächshäuser aus Holz durch Neubauten aus Stein mit architektonisch interessanten Eisenkonstruktionen ersetzt. Zwei der Häuser beherbergen heute Kakteen und Palmen, während im dritten als Tropenhaus bei hoher Luftfeuchtigkeit Aronstab-, Bromelien- und Orchideengewächse zu bestaunen sind. Beeindruckend ist die Victoria regia, die große Seerose. In einem nierenförmigen Becken an der Südseite breitet sie ihre Blätter aus, die einen Durchmesser von bis zu zwei Metern erreichen können.

Wer sich für die Geschichte des Gartens interessiert, dem sei die Ausstellung im Torbogengebäude empfohlen (täglich 10 – 18 Uhr), in der man auch viel über die bedeutenden Gärtnerpersönlichkeiten wie beispielsweise Leopold Graebener erfahren kann.

Genießen Sie das Ambiente des Botanischen Gartens bei gutem Essen und Wein in den Badischen Weinstuben, rechts vom Torhaus in Richtung Schloss gelegen.

STAATLICHE MAJOLIKA MANUFAKTUR KARLSRUHE ///
AHAWEG 6 – 8 /// 76131 KARLSRUHE /// 07 21 / 9 12 37 70 ///
WWW.MAJOLIKA-KARLSRUHE.COM ///

DEUTSCHLANDS LETZTE MAJOLIKA-MANUFAKTUR

Majolika

22

Majolika liegt eigentlich im Mittelmeer: Die Insel Mallorca gab der farbig glasierten Tonware aus dem maurischen Spanien ihren Namen. Von dort aus wurde die Fayence nach Italien exportiert. Auch die Karlsruher Majolika wirkt wie eine Insel im Meer hektischer Betriebsamkeit. Unweit des Schlossparks, im Schatten des hohen Schornsteins, der das Holzkraftwerk weithin erkennbar markiert, liegt ein besonderes Kleinod.

Vom Schlossturm führt uns ein blauer Strahl aus 1.645 Majolika-Fliesen zum nördlichen Ausgang des Parks. Von dort geht es am Heizkraftwerk vorbei zum Areal der Majolika. Gegründet wurde die Großherzogliche Majolika-Manufaktur von Großherzog Friedrich I. im Jahr 1901. Mitinitiator und erster Leiter war der Maler Hans Thoma, der 1909 mit den Werkstätten in ihr Domizil am Ahaweg zog. Hans Thoma war es auch, der noch im Gründungsjahr das Markenzeichen der Manufaktur entwarf: das gekrönte Badische Wappen mit dem doppelten M darunter.

Immer wieder arbeiten Künstler mit der Manufaktur zusammen und entwickeln Kunstwerke, deren Palette von Schmuckstücken bis zur Kunst am Bau reicht: Von Karl Albiker, Erwin Spuler (von ihm stammt unter anderem das Wandrelief im Bürgersaal des Karlsruher Rathauses) und Max Ackermann bis zu Jürgen Goertz und Markus Lüpertz. Das sicher berühmteste Werk aus der Majolika ist ein kleines Rehkitz aus weißem Porzellan, 1948 bis 1957 als Filmpreis verliehen: das Bambi.

Im Museum der Majolika (täglich außer Montag, 10 bis 13 Uhr, 14 bis 17 Uhr), einer Außenstelle des Badischen Landesmuseums, kann man die über einhundertjährige Produktion Revue passieren lassen. Die ausgestellten Kunstwerke dokumentieren den kulturgeschichtlichen Wandel des vergangenen Jahrhunderts: Von Jugendstil und Expressionismus über die Neue Sachlichkeit, die Tendenzen der 50er und 60er-Jahre bis zur Gegenwart.

Das mediterrane Flair des Innenhofs genießt man am besten auf der Terrasse der Cantina Majolika (www.cantinamajolika.de) mit Karlsruhes längster Bar.

MUSEUM BEIM MARKT /// KARL-FRIEDRICH-STRASSE 6 ///
76133 KARLSRUHE /// 07 21 / 9 26 65 14 ///
WWW.LANDESMUSEUM.DE/WEBSITE/DEUTSCH/MUSEUM/AUSSEN-
STELLEN/MUSEUM_BEIM_MARKT.HTM ///

ANGEWANDTE KUNST SEIT 1900

Museum beim Markt

23

Über Kunst lässt sich bekanntermaßen trefflich streiten. Besonders dann, wenn sie sich, zurückgezogen in Museen und Galerien, nicht allein dem Auge des Liebhabers präsentiert, sondern in angewandter Form als Design von Gegenständen in unseren Alltag tritt. Omas Art-Déco-Vase: Schrecklich oder schrecklich schön?

Wen solche Fragen umtreiben oder wer einfach nur neugierig ist auf die Entwicklung des Designs vom frühen 20. Jahrhundert bis in die Gegenwart, dem sei der Besuch des Museums beim Markt empfohlen. Die Außenstelle des Badischen Landesmuseums präsentiert auf rund 1.600 Quadratmetern zahlreiche Werke der angewandten Kunst. Das Haus besitzt eine der bedeutendsten Jugendstilsammlungen Deutschlands. Herausragendes Werk und zugleich Kennzeichen des Museums ist die Bronzeskulptur ›La Nature‹ (1899–1900) des Tschechen Alfons Mucha, eines der wichtigsten Vertreter jener Kunstepoche.

In den Jahren nach dem Ersten Weltkrieg entstanden die luxuriösen Produkte des französischen Art Déco, wunderschönes Beispiel ist die aus Opalglas gefertigte ›Tänzerin‹ von René Lalique (1920). In einer Großvitrine sind Beispiele der Damenmode zu sehen, besonders auffällig ist die sogenannte Delphos-Robe aus plissierter Seide von Mariano Fortuny (1910/20), dessen Vorbild hierzu wohl die Skulptur ›Wagenlenker von Delphi‹ (5. Jahrhundert v. Chr.) war.

Schließlich präsentiert das Museum einen Überblick über Designströmungen vom Funktionalismus über die Pop Art bis zur Gegenwart. Die ältesten Exponate stammen vom 1919 gegründeten Bauhaus, darunter Arbeiten von Marcel Breuer und Mies van der Rohe. Ein Highlight dieser Abteilung ist sicherlich die 1926 entworfene Frankfurter Küche der Wiener Architektin Margarete Schütte-Lihotzky. Dieser Urtyp der modernen Einbauküche sollte der Hausfrau – Hausmänner gab es ja noch nicht – einen funktionalen Arbeitsplatz bieten.

Mehr moderne Kunst gibt es in den Galerien am angrenzenden Zirkel. Folgen Sie der Straße nach links; zum Ausruhen geht's ins MoccaSin, Ritterstraße 6.

STAATLICHE KUNSTHALLE KARLSRUHE /// HANS-THOMA-STRASSE 2 – 6 ///
76133 KARLSRUHE /// 07 21 / 9 26 33 59 ///
WWW.KUNSTHALLE-KARLSRUHE.DE ///

Staatliche Kunsthalle

Um die Jahre 1509/10 erhielt ein Maler in Straßburg den Auftrag für ein großes Werk: Ein über zwei Meter breites und 64 Zentimeter hohes Votivbild sollte entstehen, auf dem der Stifter sich und seine vielköpfige Familie verewigt sehen wollte. Der Auftraggeber war Markgraf Christoph I. (1453–1527), der Künstler kein Geringerer als der Dürer-Schüler Hans Baldung, genannt Grien. Es entstand das heute als Markgrafentafel bezeichnete Bild mit dem Markgrafen und neun Söhnen auf der linken, seiner Gemahlin Ottilie von Katzenelnbogen und fünf Töchtern auf der rechten Seite und in der Mitte Anna selbdritt.

Mit der Inventarnummer 88 ist das Bild heute eines der bedeutendsten Stücke der Kunsthalle und zugleich die Keimzelle der Sammlung. Markgraf Friedrich V. von Baden-Durlach, ein Urenkel Christophs I., sammelte Druckgrafik und Zeichnungen, darunter das Skizzenbuch Hans Baldung Griens. Den eigentlichen Grundstock der heutigen Sammlung legte jedoch Karoline Luise, Prinzessin von Hessen-Darmstadt und Ehefrau von Markgraf Karl Friedrich, mit 205 meist französischen und niederländischen Gemälden des 17. und 18. Jahrhunderts. Heute beherbergt das Museum Werke von der Spätgotik, über die flämischen Künstler des 16. Jahrhunderts bis zur deutschen Malerei und Skulptur des 19. Jahrhunderts, die einen Schwerpunkt bildet. Um das Werk Hans Thomas angemessen präsentieren zu können, wurde 1909 gar ein neuer Gebäudetrakt errichtet.

Allein schon das von Heinrich Hübsch 1836 bis 1846 als Großherzogliche Gemäldegalerie für die Kunstsammlung des badischen Fürstenhauses errichtete Gebäude ist sehenswert. Imposant wirkt das Treppenhaus mit den Fresken des Spätromantikers Moritz von Schwind, die die Einweihung des Freiburger Münsters darstellen und den Betrachter hineinziehen in die farbenprächtigen Bilderwelten vergangener Jahrhunderte.

Die Junge Kunsthalle zwischen Hauptgebäude und Orangerie bietet Ausstellungen sowie Lern- und Spielbereiche für das junge Publikum ab dem Vorschulalter.

STEPHANIENSTRASSE /// 76133 KARLSRUHE ///

WO EINST DIE BOHÈME ZU HAUSE WAR

Stephanienstraße

25

Im 19. Jahrhundert war die Straße zwischen Kunsthalle und Mühlburger Tor eine gehobene Wohngegend, in der vor allem höhere Hofbeamte, Offiziere und Adlige ihre Häuser hatten. Ihr Name ist eine Ehrung für Stéphanie de Beauharnais, Adoptivtocher Napoleon Bonapartes und Großherzogin von Baden.

Einen Spaziergang durch die Stephanienstraße beginnt man am besten an der Kreuzung zur Hans-Thoma-Straße. Schnell erreicht man mit der Hausnummer 14 ein typisches Beispiel für jene klassizistischen Stadtvillen, die das Straßenbild der ersten hundert Jahre prägten: Das Palais Munck entstand 1827 als Wohnhaus des Königlich-Schwedischen Hofmarschalls Freiherrn von Munck. Daneben (Nummer 16) steht das Wohnhaus des Dichters Joseph Victor von Scheffel (geboren 1826), der hier am 9. April 1886 starb, nachdem er die letzten Jahre schwer krank in seiner Villa bei Radolfzell verbracht hatte. Vor allem Scheffels Roman ›Ekkehard‹ (1857) ging in die Literaturgeschichte ein.

Unser weiterer Spaziergang führt uns an die Einmündung der Karlstraße. Wir bleiben stehen und suchen in unserem Portemonnaie nach einer Ein- oder Zwei-Euro-Münze mit Bundesadler. Unter diesem erkennt man einen Buchstaben. Ist es ein ›G‹, so stehen wir vor dem ›Geburtshaus‹ dieser Münze. Denn im Gebäude Stephanienstraße 28a werden seit 1827 Münzen geprägt, angefangen von 5-Gulden-Münzen aus feinstem Rheingold über Goldmark und D-Mark bis zu den heutigen Euro-Münzen. Das ›G‹ steht übrigens für den siebten Rang in einer Reihenfolge der deutschen Prägestätten, die 1871 festgelegt wurde.

Das dunkelste Kapitel deutscher Geschichte begegnet uns vor Haus Nummer 59: Ein Gedenkstein im Boden erinnert an die jüdische Schauspielerin Lilly Jankelowitz, die hier bis zur Flucht nach Straßburg im März 1936 wohnte (ermordet 1944 im Konzentrationslager Ravensbrück).

Die Staatliche Münze kann im Rahmen einer Führung besichtigt werden. Da es nur wenige Termine gibt, empfiehlt sich eine Buchung Monate im Voraus (07 21 / 5 09 4 10).

STAATLICHES MUSEUM FÜR NATURKUNDE KARLSRUHE ///
ERBPRINZENSTRASSE 13 /// 76133 KARLSRUHE /// 07 21 / 1 75 21 11 ///
WWW.SMNK.DE ///

FASZINIERENDE EINBLICKE IN DIE NATURGESCHICHTE

Staatliches Museum für Naturkunde

26

Bhutan? Das ist doch das Gas in den Campingkochern, oder? Nein, weit gefehlt. Bhutan ist ein kleines Königreich zwischen Indien und China, das hierzulande so gut wie unbekannt ist, dessen weitgehend unberührte Wälder jedoch eine große Zahl seltener Tiere und Pflanzen beherbergt. Eine beeindruckende Ausstellung des Naturkundemuseums 2012 hat bei vielen Besuchern das Bild eines Landes geprägt, in dem das ›Bruttonationalglück‹ vor dem Bruttosozialprodukt steht. Und die Ausstellung kann exemplarisch für die Philosophie des Museums stehen. Unter dem Leitbild ›Leben ist Vielfalt und Veränderung‹ widmet man sich der Flora und Fauna Südwestdeutschlands, während gleichzeitig die Wissenschaftler des Museums in internationalen Forschungsprojekten tätig sind, deren Ergebnisse dann immer wieder in Sonderausstellungen zu bestaunen sind. Und dass einer der bekanntesten deutschen Dinosaurierforscher hier arbeitet, wird durch das Modell einer Riesenflugechse deutlich, das im Lichthof unter der Decke schwebt.

Aber auch ohne ein Highlight ist das Naturkundemuseum am Friedrichsplatz immer einen Besuch wert. Auf über 4.000 Quadratmetern Ausstellungsfläche werden einheimische und exotische Tiere in naturgetreu nachgebildeten Dioramen gezeigt. Ein bisschen unheimlich kann es einem im Vivarium schon werden, denn hinter den Scheiben der Terrarien lebt so manches Tier, dem man lieber nicht direkt begegnen möchte: Pfeilgiftfrosch, Baumpython oder Klapperschlange. Ein Blick in die Babyecke, in der vielleicht gerade ein frisch geschlüpfter kleiner Leguan sitzt, weckt dann doch wieder Beschützerinstinkte und uns wird klar, dass wir Menschen letztlich die starken, alles bestimmenden Lebewesen sind, Herren über Aussterben oder Überleben der so wunderbar vielfältigen Natur unserer Erde. Schon allein wegen dieser Rückbesinnung komme ich gerne ins Naturkundemuseum.

Jeden Monat wird ein Tierpräparat aus dem Magazin geholt und als ›Tier des Monats‹ vorgestellt; ein Faltblatt informiert über die Hintergründe.

KATHOLISCHES PFARRAMT ST. STEPHAN /// ERBPRINZENSTRASSE 14 ///
76133 KARLSRUHE /// 07 21 / 91 27 40 /// WWW.ST-STEPHAN-KA.DE ///

KARLSRUHER PANTHEON

St. Stephan

27

»Des isch e Provokation.« Der ältere Herr neben mir schüttelt den Kopf. Ratlos sehe ich ihn an und blicke mich dann im ausladenden Kirchenraum um. »Na des.« Der Mann hat meine Verwirrung bemerkt und zeigt mit ausgestrecktem Arm auf den Altar. Ich lasse ihn stehen und gehe durch die halbkreisförmig angeordneten Bankreihen nach vorne. ›Gott ist in der Mitte‹, das Gedicht von Gerhard Tersteegen kommt mir in den Sinn.

Im Dezember 2011 wurde die Stephanskirche nach fast einjährigem Umbau neu geweiht. Friedrich Weinbrenners klassizistischer Kuppelbau, dem römischen Pantheon nachempfunden, erhielt eine fast schon revolutionär zu nennende Altarinsel, die der Künstler Rolf Bodenseh aus Marmor schuf. Der Priester steht während des Gottesdienstes nun tatsächlich fast inmitten der Gläubigen und nicht mehr, wie vorher, entfernt von und mit dem Rücken zu ihnen. Nicht alle finden die Gestaltung gelungen, vielen geht sie zu weit. Vor allem sei sie mit den Vorstellungen des Architekten Weinbrenner nicht vereinbar. Doch schon Weinbrenner selbst wollte sich vom traditionellen Erscheinungsbild einer katholischen Kirche abheben.

Der Grundriss der Stephanskirche hat die Form eines griechischen Kreuzes. Einige beachtenswerte Kunstwerke schmücken den Innenraum, darunter ein Dreifaltigkeitsrelief von Hans Morinck (1555–1616) sowie ein von Emil Wachter 1961 gefertigtes Gobelin-Triptychon mit dem Martyrium des Heiligen Stephan.

Beim Verlassen der Kirche ist aller Streit schnell vergessen, denn die Karlsruher Lebensart nimmt einen wieder gefangen: Der Platz zwischen Herren-, Ständehaus- und Erbprinzenstraße ist ein beliebter Sommertreff für Jung und Alt. Spielplatz, Brunnen und Biergarten unter schattigen Bäumen laden zur Mittags- oder Shoppingpause ein. Und so wird der Platz zu einem namenlosen kleinen Bruder des Ludwigsplatzes.

Schalten Sie ab von der Hektik und erkunden Sie das Labyrinth aus Steinen. 200 Meter ist der Weg vom Eingang bis zur Mitte und den Worten ›Ich bin da‹.

FRIEDRICHSPLATZ /// ZWISCHEN RITTERSTRASSE UND LAMMSTRASSE /// 76131 KARLSRUHE ///

WO MAN SICH VON CITY-STRESS ERHOLT

Friedrichsplatz

28

»Und, was machen wir jetzt?« Die Frau blickt ihren Mann etwas ratlos an. Gute Frage. Die Sonne strahlt vom Himmel, der Nachwuchs planscht am Brunnenbecken und freut sich über die hoch aufschießende Fontäne, auf der Sitzbank sind in Taschen und Tüten die Einkäufe gestapelt. »Lass uns etwas ausruhen. Außerdem hast du den Kindern versprochen, die ausgestopften Tiere anzugucken.« Sie zeigt auf das Naturkundemuseum gegenüber.

Der Friedrichsplatz liegt günstig zwischen dem Einkaufscenter Ettlinger Tor, dem Marktplatz und den vielen Läden an der Kaiserstraße. So zieht es immer wieder vom Laufen und Einkaufen müde Menschen hierher, aber auch Angestellte der Büros verbringen ihre Mittagspause auf einer Bank – sofern sie denn noch eine ergattern, denn sobald sich die Sonne zeigt, erwacht der Platz zum Leben.

Von 1865 bis 1873 wurden Naturkundemuseum und Friedrichsplatz als städtebauliches Ensemble gebaut und angelegt. Es war das letzte und bedeutendste Werk des Karlsruher Architekten Karl Joseph Berckmüller. Der Architekt war schon in betagtem Alter, als die Arbeiten endlich abgeschlossen waren. Als ›meinen Schwanengesang‹ bezeichnete er daher das Ensemble; sechs Jahre später starb er, sein Grab befindet sich auf dem Hauptfriedhof. In den Jahren nach dem Zweiten Weltkrieg diente der Friedrichsplatz als Schuttsammelplatz, von wo aus die Trümmer der umliegenden Ruinen abtransportiert wurden.

An die Geschichte denkt sicher keiner der flanierenden oder eine Auszeit genießenden Menschen. Und doch scheint die Nachkriegszeit ein bisschen hängengeblieben zu sein, denn auch heute noch wird der Platz gelegentlich völlig artfremd genutzt – zum großen Vergnügen der Besucher. Von November bis Januar tummeln sich die Schlittschuhbegeisterten auf einer 800 Quadratmeter großen Freiluft-Kunsteisbahn und die Karlsruher erleben ihre ›Eiszeit‹.

Eine Erfrischung holt man sich im Eiscafé Da Vinci (Lammstraße 8): Nettes Personal, schneller Service und immer wieder neue Eiskreationen.

BADISCHE LANDESBIBLIOTHEK /// ERBPRINZENSTRASSE 15 ///
76133 KARLSRUHE /// 07 21 / 1 75 22 22 /// WWW.BLB-KARLSRUHE.DE ///

HIER LIEGT DAS WISSEN VON JAHRHUNDERTEN

Badische Landesbibliothek

29

›Uns ist in alten maeren/wunders vil geseit‹. So beginnt das ›Nibelungenlied‹, jenes mittelalterliche Heldenepos, das lange Zeit gar als Nationalepos der Deutschen galt. Nur 37 Handschriften haben die Zeiten überdauert, die meisten davon sind nur noch Fragmente. Eine der ältesten und wichtigsten liegt, besonders geschützt, im Magazin der Badischen Landesbibliothek (BLB). Im zweiten Viertel des 13. Jahrhunderts ist der als Handschrift C bekannte Kodex im alemannisch-bairischen Raum entstanden, wurde im 18. Jahrhundert wiederentdeckt, kam 1855 in die Hofbibliothek Donaueschingen, um schließlich im Jahre 1999 für 25 Millionen Mark von der Landesbank angekauft zu werden. Sie ist nur eine von 4.226 Handschriften in der Landesbibliothek, aber sicherlich die spektakulärste.

Wer sich über ein Thema informieren will oder gar an einer wissenschaftlichen Arbeit schreibt, kommt gerne in die BLB, die als wissenschaftliche Bibliothek mit 1,9 Millionen Büchern und insgesamt über 2,3 Millionen Medieneinheiten wahrlich einen gewaltigen Fundus des Wissens bietet. Im Lesesaal sind meist alle Plätze belegt, die Räume im Wissenstor genannten Lehr- und Lernzentrum ausgebucht. Wer durchs offene Magazin schlendert, die Lesenden und Schreibenden beobachtet, versteht, warum Goethe einst schrieb: ›In Bibliotheken fühlt man sich wie in der Gegenwart eines großen Kapitals, das geräuschlos unberechenbare Zinsen spendet.‹

1918 wurde aus der Großherzoglichen Hof- und Landesbibliothek die Badische Landesbibliothek. Ihre Anfänge gehen noch weiter zurück auf die um 1500 gegründete Pforzheimer Schlossbibliothek der Markgrafen von Baden. Im Laufe der Geschichte wechselten die Bestände immer wieder den Standort, unter anderem in die Durlacher Karlsburg und ins Schloss, um dann 1991 komplett in den heutigen Räumen untergebracht zu werden.

Immer wieder locken Vorträge und Sonderausstellungen auch die Bücherliebhaber und historisch Interessierten in die Bibliothek.

KAMMERTHEATER KARLSRUHE /// HERRENSTRASSE 30 – 32 ///
76133 KARLSRUHE /// 07 21 / 2 31 11 ///
WWW.KAMMERTHEATER-KARLSRUHE.DE ///

MEHR ALS BOULEVARD: MODERNES VOLKSTHEATER

Kammertheater 30

Zwei Männer wuseln auf der Bühne herum, erzeugen mit den unterschiedlichsten Geräten Töne und Geräusche, verwandeln sich immer wieder – und nehmen die Zuschauer mit auf eine akustische Reise zu allen fünf Kontinenten. Das Live-Hörspiel ›In 80 Tagen um die Welt‹ mit Intendant Bernd Gnann in einer der Hauptrollen gehört zu jenen Stücken, die einen Abend an der Herrenstraße zu einem besonderen Theatererlebnis machen.

Das Kammertheater wurde 1956 von Wolfgang Reinsch als kleine private Kellerbühne an der Ecke Wald-/Amalienstraße gegründet. Seine 1985 bezogene Spielstätte am Rondellplatz musste dem Bau des Einkaufscenters Ettlinger Tor weichen. Man bezog Räume in der ehemaligen Landeszentralbank, die sich als Glücksfall erwiesen, denn die Nähe zur Kaiserstraße und zum Ludwigsplatz brachten das Theater genau dorthin, wo Karlsruhe am lebendigsten ist.

Über die Jahre war das 250 Plätze umfassende Kammertheater zu einer Bühne des gehobenen Boulevards geworden. Ein wahrer Quantensprung erfolgte jedoch mit der Spielzeit 2009/10, als der Schauspieler und Kabarettist Bernd Gnann neuer Intendant wurde. Dessen Maxime, freches und sinnliches Theater zu machen, war von Anfang an deutlich zu spüren. Aus der Boulevard-Bühne wurde Stück für Stück ein ›modernes Volkstheater‹, wie Gnann es bezeichnet. Für den Intendanten ist ein gutes Theater ein ›Theater, das Spaß macht – und zwar beiden Seiten‹. Dass die Akteure mit großer Spielfreude dabei sind, sieht man in jeder Vorstellung. Gespielt werden Stücke für alle Geschmäcker und Altersklassen, vom ›Angstmän‹ für Kinder ab 7 bis zu den ›Comedian Harmonists‹. Immer wieder treten Stars als Gäste auf und sorgen für Highlights, beispielsweise Richy Müller in ›Cyrano de Bergerac‹, oder es werden besondere Spektakel inszeniert, wie ein Live-Hörspiel.

Nach der Aufführung bleibt man gleich im Haus: Die Alte Bank im ehemaligen Schalterhaus des Landesbank bietet vielfältige Speisen und Getränke.

LUDWIGSPLATZ /// KREUZUNG ERBPRINZENSTRASSE / WALDSTRASSE /// 76133 KARLSRUHE ///

EIN HAUCH VON LAISSEZ-FAIRE

Ludwigsplatz

31

Ausgelassen prosten sich die Studenten zu, die in einer kleinen Gruppe zusammensitzen. Sie feiern bestandene Klausuren, weitab der Uni, pardon: des Karlsruher Instituts für Technologie, wie sich die altehrwürdige Technologische Hochschule heute nennt. Wenn die wüssten! Sie sitzen auf dem Ludwigsplatz, dessen Namenspatron Großherzog Ludwig I. (1763–1830) 1825 die von Friedrich Weinbrenner gegründete Architektenschule mit der von Johann Gottfried Tulla gegründeten Ingenieurschule zur neuen Polytechnischen Hochschule zusammenlegte und damit die Basis für alle weiteren Entwicklungen schuf.

Doch wollen wir nicht zu akademisch werden, denn der Ludwigsplatz, bis in die 70er-Jahre des vorigen Jahrhunderts noch ein schlichter Parkplatz, ist heute schlechthin der ›In‹-Platz in Karlsruhe. Wer gesehen werden will, sollte an seinen Rändern entlang flanieren und einen der begehrten Plätze im Außenbereich der Cafés und Restaurants ergattern. Und wer nur schauen will, natürlich auch. An Sommerabenden tummelt sich an und auf dem von Bäumen gesäumten Platz ein bunt gemischtes Völkchen. Es herrscht ein Kommen und Gehen, denn für viele ist der Ludwigsplatz nur eine Station auf ihrem Trip durch Karlsruhes Nachtleben. Schließlich sind die Clubs und Kneipen rund um die Kreuzung von Hirsch- und Amalienstraße nicht weit. Am Ludwigsplatz scheiden sich jedoch die Geister: Für die einen ist er zu snobistisch, sie bevorzugen ruhigere und nicht weniger schöne Plätze. Für die anderen ist er ein absolutes Muss. Wer aber jedem Tierchen sein Pläsierchen lässt und gerne mal einen Blick auf bekanntere Gesichter werfen will, der ist hier richtig.

Gestatten Sie mir noch einen akademischen Hinweis: Der im neogotischen Stil gestaltete Brunnen im Zentrum des dreieckigen Platzes wurde um 1824 von Friedrich Weinbrenner entworfen.

Eine ungewöhnliche Kombination aus historischem Gebäude und poppig-moderner Ausstattung bieten das Restaurant Salmen und die Cocktail-Bar Ohne Gleichen.

RECHTSHISTORISCHES MUSEUM /// HERRENSTRASSE 45 A ///
76133 KARLSRUHE /// 07 21 / 2 93 53 ///
WWW.RECHTSHISTORISCHES-MUSEUM.DE ///

ALLES MIT RECHT

Rechtshistorisches Museum

32

›Das Recht ist neben der Sprache das stärkste Band, das ein Volk zur Einheit zusammenfasst, und das Fundament, auf das sich ein Staat gründen lässt.‹ Der erste Justizminister der Bundesrepublik Thomas Dehler (1897–1967) fasst auf sehr prägnante Weise die Bedeutung des Rechts zusammen. Und mit diesem Zitat beginne ich meinen kleinen Rundgang durch das Rechtshistorische Museum, das nicht umsonst gerade in Karlsruhe seinen Sitz hat, das sich ja gerne als ›Residenz des Rechts‹ bezeichnet. Das kleine, aber feine Museum ist in einem Gebäude des Bundesgerichtshofs untergebracht.

Dr. Detlev Fischer, selbst Richter am Bundesgerichtshof und Vorsitzender des Trägervereins, führt mich durch über 3000 Jahre Rechtsgeschichte. Wir beginnen bei einer Nachbildung des Codex Hammurabi, eine um 1700 v. Chr. in eine Stele gemeißelte Sammlung von Rechtssprüchen und das älteste Zeugnis geschriebener Gesetze. Dann rauschen wir durch griechisches und römisches Recht und ich erlebe, wie sich ganz allmählich deutsches Recht herausbildete, bis hin zum Reichskammergericht als oberster Instanz im Heiligen Römischen Reich Deutscher Nation, das Fehden und Kriege durch ein geregeltes Verfahren ersetzen sollte. Immer wieder kommt mir das Zitat von Thomas Dehler in den Sinn: Es ist spannend zu sehen, wie bei der Bildung einer Nation oder eines Staates um das richtige juristische Miteinander gerungen wird.

Die karmesinroten Roben sind auch ohne Bundesrichter in ihnen Respekt gebietend. Unwillkürlich frage ich mich, welche Urteile damit gesprochen wurden und wie es ihren Trägern bei der Verkündung wohl ging. Denn viele Karlsruher Entscheidungen haben Geschichte geschrieben.

Aufgrund seiner Lage ist das Museum nur jeden Dienstag (außer an Feiertagen) zwischen 10 und 12 Uhr geöffnet, am Eingang muss der Personalausweis vorgezeigt werden.

Bei den rechtshistorischen Stadtspaziergängen durch Karlsruhe mit Dr. Detlev Fischer erlebt man die Stadt aus einer ganz neuen Perspektive.

WOHNZIMMER /// ZÄHRINGERSTRASSE 96 /// 76133 KARLSRUHE ///
07 21 / 46 71 77 30 /// WWW.WOHNZIMMER-KARLSRUHE.DE ///

ZUCKER UND ZIMT IM WOHNZIMMER

Wohnzimmer

2/11

Es klingt wie eine Geschichte aus einem Roman: Zwei befreundete Ärztinnen, die sich selbst ›Zucker‹ und ›Zimt‹ nennen, fragten sich eines Tages, ob der Knochenjob in der Klinik wirklich schon alles im Leben gewesen oder ob da noch Platz für einen Traum sei. Ja, da war noch Platz und so beschlossen die beiden, auszusteigen und ein Café zu eröffnen. Nicht irgendeines sollte es sein, sondern ein Ort, der die Gäste an die Gemütlichkeit daheim erinnert und wo sie für kurze Zeit völlig abschalten können: ein Wohnzimmer mitten in der Stadt.

Im August 2011 war es soweit und seitdem kann vormittags ab elf Uhr ganz nah am Marktplatz ausgespannt werden. Wer rechtzeitig kommt oder Glück hat, ergattert Omas Schaukelstuhl oder einen Platz auf dem gemütlichen Sofa. Man bestellt eine der Spezialitäten aus eigens fürs Wohnzimmer geröstetem Kaffee, dazu Kuchen aus eigener Herstellung. Jetzt noch ein Buch aus dem wandhohen Regal am Fenster nehmen und schmökern: Fertig ist die Mußestunde. Es fällt schwer, wieder zu gehen, aber irgendwann rücken Termine und Verpflichtungen wieder ins Bewusstsein. Und auch der Besucher beginnt zu träumen: Schriftsteller müsste man sein; dann könnte man noch öfter hier im Wohnzimmer sitzen und schreiben. Wer weiß …

Zucker und Zimt, pardon: Stefanie Vida und Nina Schandorf, haben natürlich nicht vergessen, warum sie Ärztinnen geworden sind, nämlich, um anderen zu helfen. Sie tun es jetzt, indem sie fair gehandelte Produkte verkaufen und entsprechende Initiativen unterstützen. So stammt nicht nur der Kaffee aus kleinen, meist familiär geführten Plantagen, auch die Zutaten von Lemonaid, der etwas anderen Limonade, kommen aus fairem Handel. Und die leeren Limonadenkisten dienen, mit einem Sitzkissen versehen, als originelle Hocker. Abends verwandelt sich das Café übrigens in eine Bar.

☞ Samstags ab 21.30 Uhr heizen verschiedene DJs den Gästen beim ›Vorglühen im Wohnzimmer‹ ein; immer wieder stellen Künstler hier ihre Bilder aus.

INNENSTADT-OST

KLEINE KIRCHE /// KAISERSTRASSE 131 /// 76133 KARLSRUHE ///
WWW.STADTKIRCHE-KARLSRUHE.DE/DE/KLEINEKIRCHE ///

EIN ORT DER BESINNUNG

Kleine Kirche

33

Sie liegt hinter den Fassaden der Kaiserstraße, und die mit Taschen und Tüten schwer bepackten, vorbeieilenden oder auf die S-Bahn wartenden Passanten beachten sie eher wenig. Man mag dies sogar begrüßen, denn so kann die Kleine Kirche das bleiben, was sie ist und wofür sie von vielen geschätzt wird: ein Ort der Stille und des Gebets.

Die Kleine Kirche dient neben der Stadtkirche den evangelischen Gemeinden der Alt- und Mittelstadt als Gotteshaus. Daneben feiern hier auch die evangelische Studierendengemeinde und die koreanische Missionsgemeinde ihre Gottesdienste. Die 1719 – 1721 aus Holz gebaute Vorgängerin der Kleinen Kirche war ein Geschenk des Stadtgründers Markgraf Karl Wilhelm an seine Schwiegertochter Prinzessin Amalie von Nassau-Oranien-Dietz, die der reformierten Kirche angehörte. Zwischen 1773 bis 1776 errichtete der Architekt und Stadtbaumeister Wilhelm Jeremias Müller eine neue Kirche in rotem Sandstein. Stilistisch gehört der Bau zum ›Louis-seize‹, dem Übergang vom Rokoko zum Klassizismus, und ist somit auch ein kleiner Antipode zur klassizistischen Stadtkirche Weinbrenners. Im September 1944 wurde die Kirche bei einem Bombenangriff zu fast 50 Prozent zerstört. Der Wiederaufbau wurde so originalgetreu wie möglich vorgenommen und 1949 fand der erste Gottesdienst nach dem Krieg statt.

Betritt man den hellen Kirchenraum (geöffnet Montag–Samstag 11–17 Uhr), bleiben die Geräusche der Stadt zurück und schlagartig fällt die Hektik des Alltags ab. Auch wer nicht die Zwiesprache mit Gott sucht, findet hier eine Möglichkeit, in sich zu gehen. Rechts neben dem Eingang findet man einen weiteren Ort der Besinnung: einen sogenannten Denkraum des Künstlers Tom Fecht. Er gehört zu einer Reihe von Mahnmalen für Aids-Opfer, die Fecht in den 1990er-Jahren deutschlandweit gestaltet hat.

Auf eine besondere Art beseelt wird die Kleine Kirche in den Konzerten ›Andere Kirchentöne‹ von Wolfgang Abendschön und seiner Band Akzente.

EVANGELISCHE STADTKIRCHE /// MARKTPLATZ /// 76133 KARLSRUHE ///
WWW.STADTKIRCHE-KARLSRUHE.DE/DE/STADTKIRCHE ///

VON AUTORITÄREN HERRSCHERN UND KLASSIZISTISCHEN KIRCHEN

Evangelische Stadtkirche

34

›Wir, Karl Friedrich, von Gottes Gnaden, Großherzog zu Baden, Herzog zu Zähringen, haben uns gnädigst bewogen gefunden, unserer evang.-luth. Gemeinde dahier zum Behuf ihrer neuen Kirche, die sieben Glocken auf dem Turm der St. Georgskirche zu Villingen (…) schenkungsweise als wahres Eigentum von nun an zu überlassen.‹ So einfach kann regieren sein. Durch die Säkularisierung fiel das Benediktinerkloster Villingen an das Haus Baden und damit auch die grandiose 1752 von Johann Andreas und Johann Daniel Silbermann aus Straßburg fertiggestellte Orgel. Von 1815 bis zu ihrem Umbau 1871 war sie ein Prunkstück der Stadtkirche.

Karl Friedrich (1728–1811) war der erste Großherzog von Baden, wenn auch von Napoleons Gnaden. Beim Bau der Kirche zeigte er seine Macht. Sie wurde zwischen 1807 bis 1816 nach Plänen Friedrich Weinbrenners im klassizistischen Stil errichtet und sollte die ›Cathedralkirche‹ des Landes Baden werden. Weinbrenner gestaltete den Bau nach dem Vorbild eines griechischen Tempels. Der Großherzog bestand auf einem Glockenturm, auch wenn ein solcher nicht zum Stil des Gebäudes passt. So entstand ein architektonischer Bruch, der noch heute sichtbar ist. Leider fiel die Kirche 1944 einem Bombenangriff zum Opfer; 1958 konnte der Wiederaufbau gefeiert werden.

Vor der Kirche, als Brunnenstatue, begegnet uns ein weiterer Herrscher des Hauses Baden, dem kein mangelndes Selbstbewusstsein nachgesagt werden kann: Ludwig I. regierte von 1818 bis 1830 und gründete das Polytechnikum, einen Vorläufer der Technischen Universität. Er unterstützte die reaktionäre Politik Metternichs, setzte Grundrechte außer Kraft und behinderte die Arbeit des Parlaments, wo er nur konnte. Privat war Ludwig wohl sehr an den Damen des Theaters interessiert und mit der Frage seiner Nachfolge beginnt die Kaspar-Hauser-Legende.

In der Krypta der Stadtkirche findet in der Adventszeit eine beachtenswerte Krippenausstellung als Ort der Besinnung im Weihnachtstrubel statt.

LIDELLPLATZ /// KREUZUNG MARKGRAFEN-/ADLERSTRASSE ///
76133 KARLSRUHE ///

EIN HAUCH PARIS IM BADISCHEN

Lidellplatz

35

Quartier Lidell: Ein bisschen Paris schwingt in diesem Namen mit, den die Anwohner ihrem Viertel gegeben haben und der auf einem Schild am Lidellplatz zu lesen ist. Und tatsächlich weht hier vor allem im Sommer ein Hauch jener Plätze des Pariser Quartier Latin, wenn die Menschen sich auf dem Platz oder an den Tischen der Gastronomie treffen. Nichts erinnert mehr an jene Zeit, als der Platz noch Spitalplatz hieß und an seiner Ostseite ein Krankenhaus für die arme Bevölkerung stand. Stifter des 1788 gegründeten Spitals war der Kammerrat Christoph Friedrich Lidell (1720–1793); der Brunnen trägt seinen Namen, ein Denkmal soll an ihn erinnern. Im Haus Steinstraße 25 wurde am 16. Februar 1826 der Dichter Joseph Victor von Scheffel geboren; schon bald nach der Geburt zogen die Eltern mit dem kleinen Joseph in das Haus Stephanienstraße 16, wo Scheffel auch starb, und das im Gegensatz zum Haus in der Altstadt, dem ›Dörfle‹, einen großen Garten bot.

Auch vergessen ist, dass hier bis 1815 der Landgraben, Karlsruhes größter Abwasserkanal, offen war, um den Transport von Material zum Schlossbau zu erleichtern. Auch hier ein Vergleich mit Paris, wenn auch etwas ›anrüchig‹: Was seinen Querschnitt betrifft, ist der Landgraben nach jenem der französischen Hauptstadt der zweitgrößte in Europa.

Zum Paris der 68er-Revolution wiederum passt der im Hinterhof der Steinstraße 23 gelegene Gewerbehof, ein selbstverwalteter Zusammenschluss verschiedener Betriebe und Initiativen. Hier steht auch ein Denkmal, für das die Stadt keinen öffentlichen Raum zur Verfügung stellen wollte. Es erinnert an jene Menschen, die im offiziellen Sprachgebrauch Deserteure genannt werden, über die Kurt Tucholsky jedoch schrieb: ›Hier lebte ein Mann, der sich geweigert hat, auf seine Mitmenschen zu schießen.‹ (aus: ›Die Tafeln‹).

Unweit des Lidellplatzes steht an der Kaiserstraße 47 das Seilerhäuschen aus dem Jahr 1723 und gibt einen Eindruck vom ursprünglichen Aussehen des ›Dörfle‹.

DER VOGELBRÄU /// KAPELLENSTRASSE 50 /// 76131 KARLSRUHE ///
07 21 / 37 75 71 /// WWW.VOGELBRAEU.DE ///

DREIMAL UNFILTRIERTES: DIE VOGEL-HAUSBRAUEREIEN

Vogelbräu

3/11

»Bier ist der Beweis, dass Gott uns liebt und will, dass wir glücklich sind.« Dieser Aussage, die keinem Geringeren als Benjamin Franklin zugesprochen wird, kann Rudi Vogel nur zustimmen. Seit über 25 Jahren sind der sympathische Brauingenieur und sein Vogelbräu ein fester Begriff in der Karlsruher Brauerei- und Kneipenlandschaft.

1985 war Rudi Vogel der Pionier der Hausbrauereien. Gespannt hatte man auf jenen Moment gewartet, als am 12. Oktober um 16 Uhr die Türen in der Kapellenstraße zum ersten Mal geöffnet wurden. Innerhalb von zwei Minuten waren alle Plätze besetzt und viele Gäste mussten mit einem Stehplatz vorlieb nehmen. Mit diesem Tag begann eine Erfolgsgeschichte, die sich in weiteren Vogelbräu-Filialen in Ettlingen (im ehemaligen Kino) und Durlach (mit sehr schönem Biergarten) fortsetzte. Die Zeit sei damals auch reif gewesen für die Idee einer Brauerei, die kleiner und persönlicher ist, meint Rudi Vogel im Rückblick. Im Vogelbräu ist immer was los: Jeder noch so kleine freie Platz im Biergarten oder Gastraum wird besetzt und so entwickelt sich auch manches spontane Gespräch zwischen Menschen, die sich zum ersten Mal begegnen.

Das frisch gezapfte Unfiltrierte schmeichelt den Geschmacksnerven. Man kann es nicht beschreiben, man muss es schmecken. Neben dem Original gibt es saisonal unterschiedliche Biere im Angebot (Weizen, Maibock und viele andere); über den Zeitraum des Verkaufs gibt der ganzjährige Bierkalender Auskunft. Rudi Vogel erinnert sich mit einem Schmunzeln an die Anfangszeit, als die ersten Gäste fabrikneue Benzinkanister am Tresen füllen ließen. Eine ältere Dame schleppte gar ein Blumenvasen ähnliches Gefäß herein und packte es dann gefüllt in ihr Fahrradnetz. Da muss was Passendes her, dachte sich Rudi Vogel. Und so kreierte man die Vogelbräu-Siphons für den Genuss zu Hause.

Tour de Vogel: An einem Tag mit dem Rad in allen drei Hausbrauereien einkehren. Bei zwei Stempeln gibt es an der dritten Station ein Freibier.

DER OSTEN

GROSSHERZOGLICHE GRABKAPELLE /// KLOSTERWEG 11 /// 76131 KARLSRUHE /// 0 72 22 / 97 81 78 /// WWW.SCHLOESSER-MAGAZIN.DE/DE/GROSSHERZOGLICHE-GRABKAPELLE/STARTSEITE/341303.HTML ///

RUHESTÄTTE IN DER ›ABGESCHIEDENHEIT DES TIEFEN WALDFRIEDENS‹

Oststadt – Großherzogliche Grabkapelle 36

Ludwig Wilhelm von Baden war wohl ein lebenslustiger Prinz, der mit erst 23 Jahren 1888 an einer Lungenentzündung starb. Glaubt man dem Schriftsteller Wolf Graf Baudissin in seinen Erinnerungen ›Aus meiner Dienstzeit‹, so wurde der Spross des Hauses Baden im Duell getötet; da er der Schwester seines bis heute unbekannten Gegners die Ehre geraubt haben soll. Baudissin schreibt, er habe sein Ehrenwort gegeben, den Namen desjenigen, der ›dem Prinzen … mit der Waffe in der Hand entgegentrat‹, nicht zu nennen. Ludwigs Eltern, Großherzog Friedrich I. und Großherzogin Luise, ließen dem Prinzen ein Mausoleum errichten, das trotz seiner beeindruckenden und stimmungsvollen Gestalt eher ein Schattendasein führt: 1896 wurde die neugotische Grabkapelle am Fasanengarten eingeweiht, in deren Gruft 18 Särge stehen. Doch nichts wirkt morbide oder gar düster. Vom lichtdurchfluteten Kirchenraum, der nie für Gottesdienste genutzt wurde, sondern allein den Trauerfeiern vorbehalten war, führt eine breite Treppe zur hellen und geräumigen Gruft, die man durch ein schmiedeeisernes Tor betritt.

Prinz Ludwig Wilhelm liegt in einem Seitenschiff, die lebensgroße Figur auf dem Sarkophag zeigt ihn in Uniform, den Kopf auf Kissen gebettet, in den gefalteten Händen einen Rosenzweig und den Griff seines Degens. Es sieht so aus, als schlafe er friedlich. Rechts von ihm nebeneinander ebenfalls auf den marmornen Sarkophagdeckeln figürlich abgebildet: der für sein Interesse an Wissenschaft und Kunst sowie liberale Reformen bekannte Friedrich I. (1826–1907) und Luise (1838–1923), Tochter Kaiser Wilhelms I., die sich sehr für die Belange der Frauen und die Krankenversorgung einsetzte. Links von Wilhelm die letzte Badische Großherzogin Hilda von Nassau (1864–1952), die durch die Erfindung der ›Hildabrötchen‹ in die Geschichte eingegangen ist.

Die Grabkapelle kann von April bis Oktober jeweils donnerstags bis sonntags besichtigt werden, die Gruft ist jedoch nur bei Führungen zugänglich.

ALTER FRIEDHOF /// ZWISCHEN KAPELLENSTRASSE UND OSTENDSTRASSE /// 76131 KARLSRUHE ///

VEREWIGTE GESCHICHTE BADISCHER STAATSGRÜNDUNG

Oststadt – Alter Friedhof

37

Da sage noch einer, wir hätten in unserer Kultur einen verkrampften Umgang mit dem Tod. Zugegeben, der Alte Friedhof ist kein Ort der Trauer, vielmehr der inneren Begegnung mit der Geschichte. Dennoch könnte kaum etwas besser die Vergänglichkeit des Lebens und das sich drehende Rad der Geschichte verdeutlichen als das Nebeneinander von Kindern im Sandkasten, Basketball spielenden Jugendlichen, Menschen meist gesetzten Alters, die interessiert die Grabmäler betrachten, und jenen steinernen Zeugen des Vergangenen selbst. Von 1781 bis 1874 war hier die letzte Ruhestätte in einer bewegten Zeit.

In der 1842 geweihten Friedhofskapelle in neugotischem Stil durften nie Särge stehen, da sie den Bewohnern der angrenzenden Karlsruher Altstadt, dem Dörfle, auch als Gotteshaus diente. Geht man von hier zur Gruftenhalle, fällt ein marmorner Engel auf, der an die 63 Opfer des Hoftheaterbrands von 1847 erinnert. Am Eingang zur Ostendstraße steht das Denkmal für jene 137 preußischen Soldaten, die 1849 in der Schlacht bei Durlach im Kampf gegen die badischen Revolutionstruppen fielen.

Vor dem schlichten Grabmal des Freiherrn Sigismund zu Reitzenstein erinnere ich mich an sein wenig bescheidenes Motto in den Verhandlungen mit dem napoleonischen Frankreich: ›Wir müssen nehmen, was wir nur kriegen können.‹ Er hatte Erfolg, denn das Territorium des badischen Großherzogtums vervierfachte sich. Ebenfalls in der Gruftenhalle liegt das Grab von Karl Friedrich Nebenius (1784–1857), geistiger Vater der ersten badischen Verfassung von 1818, die damals in ganz Deutschland am fortschrittlichsten war. Den Alten Friedhof besuchen, heißt auch, den Anfang des badischen Staates verstehen.

Wenige Gehminuten entfernt liegt der alte jüdische Friedhof (Kriegsstraße 36), der allerdings nicht öffentlich zugänglich ist.

An der Ecke Ostend-/Gottesauerstraße bietet die Studentenkneipe Kippe 23 günstiges Essen und Nostalgie pur mit Hunderten alter Emaille-Werbeschilder.

HOCHSCHULE FÜR MUSIK KARLSRUHE, SCHLOSS GOTTESAUE ///
AM SCHLOSS GOTTESAUE 7 /// 76131 KARLSRUHE ///
07 21 / 6 62 90 /// WWW.HFM-KARLSRUHE.DE ///

KEIMZELLE VIELER MUSIKERKARRIEREN

Oststadt – Schloss Gottesaue

38

Wenn sich an lauen Sommerabenden die Luft allmählich abkühlt und die Sonne sich dem Horizont zuneigt, herrscht immer noch reges Treiben im Schloss Gottesaue. Aus geöffneten Fenstern dringen Töne. Nicht alle erfreuen das Ohr des Spaziergängers, der das Gebäude umrundet, manche zeugen von schweißtreibender Mühe. Hier üben Studierende der Karlsruher Musikhochschule oft bis kurz vor Mitternacht.

Mit Wolfgang Rihm brachte die Musikhochschule der Fächerstadt einen der bedeutendsten Vertreter der deutschen Gegenwartskomposition hervor, der heute im Schloss Gottesaue den Nachwuchs in der Kunst des Tonsetzens unterrichtet. Doch nicht nur manches an der Musik, die dort gelehrt wird, ist ›modern‹, auch das Gebäude ist längst nicht mehr das originale Schloss und zeigt nur außen den Stil der Renaissance. Man sollte daher die Fassade genauer unter die Lupe nehmen: Um Renaissance und Gegenwart zu verbinden, wurden an den Ecken des oberen Gesimses aus Sandstein gehauene Gegenstände unserer Zeit eingefügt. Verraten sei hier nur, dass ein Telefon dazugehört.

Zwischen 1588 und 1594 durch Markgraf Ernst Friedrich von Baden-Durlach als Lusthaus und Jagdschloss erbaut, wurde Schloss Gottesaue im Laufe der Geschichte immer wieder zerstört, zuletzt 1944, aufgebaut und zwischenzeitlich sogar als Gutshof und Kaserne genutzt. 1989 zog die Musikhochschule ein, deren öffentliche Konzerte fester Bestandteil der Karlsruher Kulturlandschaft sind. Den Haupteingang erreicht man von der Straße ›Am Schloss Gottesaue‹ aus. Durchquert man das Tor, fällt auf der rechten Seite der Fuchsbau auf, ehemals die Wohnräume des Hofstaats, heute die Verwaltung der Hochschule. Zum Hochschulkomplex gehören zudem der historische Marstall auf der Ostseite des Areals sowie moderne Gebäude mit Unterrichtsräumen und einem Konzertsaal.

☞ Open-Air-Kinonächte von Mitte Juli bis Mitte September auf einer Großleinwand vor dem Schloss: Kommen Sie früh und bringen Sie einen Picknickkorb mit!

KREATIVPARK ALTER SCHLACHTHOF /// SCHLACHTHAUSSTRASSE 1 ///
76131 KARLSRUHE /// WWW.ALTERSCHLACHTHOF-KARLSRUHE.DE ///

KREATIVES STATT SCHWEINEHÄLFTEN

Oststadt – Kreativpark Alter Schlachthof

39

Kaum zu glauben, dass hier noch im Jahre 1990 Tiere über die offene Straße zur Schlachtbank getrieben wurden. Unzähliges Grunzen und Muhen hat sich in den Backsteinwänden der Gebäude verfangen. Doch jetzt ist längst ausgeschlachtet und ein gleichnamiger Verein repräsentiert die neuen Bewohner des Areals: Künstler, Kultur- und Medienschaffende. Wer durch das weitläufige Gelände schlendert, fühlt eine besondere Atmosphäre und scheint all die Gedanken, Ideen und Visionen zu spüren, die hinter den alten und wenigen neuen Mauern entstehen.

1887 wurden Schlachthaus und Viehhof eingeweiht. Der damalige Stadtbaumeister Wilhelm Strieder plante ein zur Durlacher Allee hin symmetrisches Areal mit repräsentativem Einfahrtsbereich; die in historisierendem Stil errichteten Gebäude der ersten Generation hatten rötliche Sandsteinfassaden und weit ausladende Dächer. Später kamen dann Bauten im Jugendstil und der Neuen Sachlichkeit hinzu. Die Schlachthausstraße trennte den Vieh- vom Schlachthof, was zwar einen regelmäßigen Viehauftrieb zur Folge hatte, aber vor allem die Übertragung von Krankheiten verhindern sollte.

Die Idee, das Schlachthofareal zu einem Ort für Kunst und Kultur zu machen, entstand im Zuge der Bewerbung Karlsruhes zur Kulturhauptstadt Europas. Ein Kreativpark, ein neues Stadtquartier gar, sollte entstehen, in dem innovative Unternehmen der Kreativwirtschaft und Kultureinrichtungen nebeneinander Platz finden. Stück für Stück wird diese Vision bis 2015 Wirklichkeit. Bunter könnte die Mischung kaum ausfallen: Jazzclub und Punk-Rock-Bar, Künstlergruppen, eine Pianowerkstatt sowie mit Tollhaus und Substage zwei der wichtigsten Locations für Konzerte und Kleinkunst. Und in der ehemaligen Schweinemarkthalle sind in Seefrachtcontainern, die schon die ganze Welt gesehen haben, Arbeitsräume für Existenzgründer entstanden.

Dass auch Wein zur Kultur gehört, ist allgemein bekannt. Die Aurum Weinbar, Alter Schlachthof 45, mit regionalen Spitzenweinen bestätigt es.

OKTAVE /// LUDWIG-WILHELM-STRASSE 3 /// 76131 KARLSRUHE ///
07 21 / 66 05 02 07 /// WWW.OKTAVE-KARLSRUHE.DE ///

KLEINE OASE DER LEICHTIGKEIT

Oststadt – Oktave

4/11

Kenan Koban war schon in vielen Städten dieser Republik, immer auf der Suche nach seiner Lieblingsstadt. Hängen geblieben ist er in Karlsruhe, einer ›grünen, jungen Stadt‹, wie er sie nennt. Daher verwundert es nicht, dass er sich in den kleinen idyllischen Platz im Schatten der St.-Bernhard-Kirche mit seinen Bäumen sofort verliebte. Der Gastronom, der als 15-Jähriger mit seiner Familie von der türkischen Schwarzmeerküste nach Deutschland kam, hatte eigentlich keine Lust mehr, wieder eine Kneipe zu eröffnen. Zum Glück ist es bei diesem Entschluss nicht geblieben und so erblickte die Oktave 2009 das Licht der Karlsruher Gastro-Welt.

Zu Beginn stand der Chef, der leidenschaftlich gerne kocht, noch selbst am Herd, heute zaubern zwei Köche herrliche mediterrane Gerichte. Die wechselnde Tageskarte bietet immer wieder neue Kreationen, die ganz ohne Glutamat und Geschmacksverstärker auskommen. Die vielen verschiedenen frischen Kräuter tun ihr Übriges, damit jedes Essen zu einer Gaumenreise in den Süden wird. Und wenn dann noch die Sonne scheint und man an einem der kleinen Tische oder Bierbänke vor dem Lokal sitzen kann, hört man schon fast das Meer rauschen.

Die Leichtigkeit des Seins: hier findet man sie. Bei jedem Besuch staune ich aufs Neue über die entspannte Atmosphäre. Wer in die Oktave kommt, hat Zeit, will bei einem guten Getränk über Gott und die Welt diskutieren oder einfach nur mit netten Menschen plaudern. Dazu bietet die Karte leckere Kleinigkeiten, die wunderbar zum Wein passen, und von denen man über den Abend hinweg immer wieder mal etwas bestellen kann – auch das ganz südländisch.

Nicht nur bei der Zusammenstellung der Speisen ist Kenan Koban für eine Überraschung gut: Wer würde vermuten, dass die vielen Steine und Muscheln, die hinter Plexiglas die Theke zieren, vom Chef selbst gesammelt wurden?

Wer gerne Fisch isst, sollte den Chef nach Tagesangeboten fragen. Eine Spezialität des Hauses sind filetierte, aber komplett gegrillte Doraden.

TURMBERG /// REICHARDTSTRASSE /// 76227 DURLACH ///

HOCH ÜBER DURLACH

Durlach – Turmberg

40

Schon von Weitem ist er sichtbar: der 28 Meter hohe, aus robusten Buckelquadern errichtete Turm, der dem Berg seinen Namen gab. Das Wahrzeichen Durlachs ist zusammen mit den Anlagen seiner Umgebung ein beliebtes Naherholungsgebiet der Stadt. 277 Meter über dem Meeresspiegel liegt die oberste Turmebene, von wo aus bei guter Sicht ein herrlicher Rundblick bis zum Pfälzer Wald möglich ist.

Der Turm auf Durlachs Hausberg hatte nicht immer sein heutiges Aussehen und er war auch nicht schon immer ein Durlacher Turm. Vermutlich im letzten Viertel des 11. Jahrhunderts begannen die Hohenberger mit dem Bau eines frei stehenden, von einer Ringmauer umgebenen Wohnturms. Nach dem Tod Bertholds des Jüngeren 1136 ging das ›castrum Gretzingen‹ auf die Grafen von Rosswag über, die sich auch ›von Grötzingen‹ nannten. Trotz Erweiterungen wurde es ihnen zu eng, und sie ließen zwischen 1230 und 1250 den alten Turm abtragen und etwas versetzt an der Ringmauer einen neuen errichten: Ihn können die Besucher in restaurierter Form heute noch besteigen. Der jetzige Eingang ist jedoch nachträglich in die Mauer gebrochen worden, früher führte nur eine Holzleiter zu einem Einlass in 12,50 Metern Höhe.

Im 13. Jahrhundert fiel der Turm in die Herrschaft der Markgrafen von Baden und wechselte sozusagen von Grötzingen nach Durlach. Ihre Funktion als Residenz büßte die Anlage 1556 ein, als Markgraf Karl II. seinen Herrschaftssitz in die Durlacher Karlsburg verlegte; der Turm und seine Glocke wurden später zur ›Alarmanlage‹ Durlachs.

Den Turmberg erreicht man über die Panoramastraße vom nördlichen Ortsausgang Durlachs aus, über die Turmbergbahn oder, für die Sportlichen, über die 528 Stufen des Hexenstäffele. Ob auch Sepp Herberger und seine Mannen die Treppen zum Training nutzten, als sie 1954 in der Sportschule Schöneck weilten, ist nicht überliefert.

Ein ganzer erlebnisreicher Familientag lässt sich auf dem riesigen Spielplatz und Kletterpark auf der Durlach abgewandten Seite des Bergs verbringen.

TURMBERGBAHN /// BERGBAHNSTRASSE, ECKE TURMBERGSTRASSE ///
76228 KARLSRUHE /// 07 21 / 61 07 58 85 ///
WWW.KVV.DE/FREIZEIT/FREIZEITBAHNEN/TURMBERGBAHN.HTML ///

DEUTSCHLANDS ÄLTESTE STANDSEILBAHN

Durlach – Turmbergbahn

41

Der Fahrer steigt ein, schließt die beiden Schiebetüren und startet die Anlage. Das Stahlseil beginnt, den Panoramawagen die 315 Meter zur Bergstation zu ziehen. Während einige japanische Touristen knipsen, was das Zeug hält, fachsimpeln die älteren Damen in der Sitzreihe dahinter über das historische und moderne Durlach. Je höher die Bahn während der dreiminütigen Fahrt kommt, umso angeregter wird das Fotografieren und Diskutieren.

Es geht gemächlich zu in der Turmbergbahn. Hier ist man weit entfernt von Geschwindigkeitsrekorden. Dafür bietet sich Gelegenheit zum Innehalten und die maschinell angetriebene Bewegung wird wieder zu einem bewusst wahrgenommenen Erlebnis.

Am 2. Mai 1888 nahm die Turmbergbahn ihren Betrieb auf. Auf alten Postkarten vom Anfang des vorigen Jahrhunderts sieht man neben dem damaligen Betriebshaus einen großen rauchenden Schornstein. Er gehörte zu einer Dampfmaschine, die Wasser zur Bergstation pumpte. Angetrieben wurde die Bahn nämlich durch Wasserballast: Jeder Wagen besaß einen Tank, der so weit gefüllt wurde, dass er durch sein Gewicht während der Talfahrt den zweiten Wagen nach oben ziehen konnte. Dieses von dem Freiburger Ingenieur Karl Müller entwickelte System arbeitete bis 1965, als die Bahn elektrifiziert wurde.

Wer zu Fuß von der Straßenbahnendstelle Turmberg zur Talstation geht, bemerkt vielleicht den Grünstreifen, der die Bergbahnstraße teilt. Er sollte der Verlängerung der Trasse zur Straßenbahnhaltestelle dienen, die aus Kostengründen nie realisiert wurde. Auch eine Luftseilbahn war im Gespräch. Doch die Anwohner fürchteten wohl zu Recht, in ihren Gärten den Blicken der Fahrgäste wie auf einem Präsentierteller ausgesetzt zu sein und erhoben erfolgreich Einspruch. So blieb es also bei der alten Strecke, was der Beliebtheit der Turmbergbahn bis heute keinen Abbruch tat.

Bei Veranstaltungen wie dem ›Klingenden Turmberg‹ oder in der Silvesternacht fährt die Bahn teilweise bis Mitternacht und bietet ein besonderes Erlebnis.

RESTAURANT ANDERS AUF DEM TURMBERG ///
REICHARDTSTRASSE 22 /// 76227 KARLSRUHE /// 07 21 / 4 14 59 ///
WWW.SOERENANDERS.DE ///

DER TURMBERG IS(S)T ANDERS

Durlach – Anders auf dem Turmberg

5/11

Mit seinem Namen lassen sich herrliche Wortspiele basteln und mit einem Lachen beteiligt sich Sören Anders gerne daran. Sein Restaurant Anders auf Durlachs Turmberg hat in der Fächerstadt nicht nur die beste Lage, sondern auch mit das beste Essen, schließlich steht hier Deutschlands jüngster Sternekoch am Herd. Schon dem dreijährigen Sören war klar, dass er Kochs werden will. Aufgewachsen auf dem Land, erlebte er hautnah, woher die Zutaten fürs Essen kommen. Seine Verbundenheit mit der Natur zeigt sich noch heute darin, dass Sören Anders selbst auf die Jagd geht. Das Reh von der Speisekarte könnte also vom Maître de Cuisine selbst erlegt worden sein.

Abends auf der Terrasse sitzen, einen Rundblick über die Stadt genießen und dabei auch noch gut essen: Wem würde bei dieser Vorstellung nicht das Herz höher schlagen? Das Anders bietet gar zwei Varianten: Das Hauptrestaurant mit Terrasse und einer Speisekarte, die regionale Küche ›mit Weitblick über den Tellerrand hinaus‹ beinhaltet, wie Anders sagt. Und natürlich das Gourmetrestaurant mit 18 Plätzen, in dem er Tag für Tag beweist, dass der Michelin-Stern und die vielen anderen Auszeichnungen zu Recht an ihn gingen. Traditionelle Küchenmeisterei und moderne Interpretation sind das Credo des jungen Meisters, dem es darauf ankommt, aus dem Einfachen etwas Großes entstehen zu lassen. Mein Gast aus China, den ich auf den Turmberg einlud, war begeistert von den Köstlichkeiten auf dem Teller. Und auch von den gewaltigen Mauern, die die vielen Schicksale und Kämpfe der Vergangenheit erahnen lassen. Bei einem Blick zum Pfälzer Wald im Sonnenuntergang begannen Zeit und Raum ihre Konturen zu verlieren.

Sören Anders ist übrigens immer für eine Überraschung gut. Daher kann es gut sein, dass alles schon wieder anders ist, wenn Sie diese Zeilen lesen.

Schwellenangst muss man im Gourmetsalon Anders nicht haben. »Entweder es schmeckt oder es schmeckt nicht«, das sei entscheidend, meint Sören Anders.

PAUL GARNIE
PARIS
FREUNDESKREIS ÖFFENTLICHE UHREN E. V. ///
JEAN-RITZERT-STRASSE 1 /// 76227 KARLSRUHE /// 07 21 / 4 47 77 ///
WWW.ZEITGEIST-UHRENMUSEUM.DE ///

U(H)RIGE ZEITREISE

Durlach – Rittnerthof und Uhrenmuseum

Kaum hat man den kleinen Raum betreten, fühlt man sich in eine andere Zeit versetzt. Oder sogar in die Zeit selbst? Angesichts der vielen Ziffernblätter und Zeiger der stehenden und hängenden Uhren verschwindet der Raum und unwillkürlich beginnt man über das eigene Verhältnis zur Zeit nachzudenken. Bin ich schon wieder viel zu schnell durch den Tag gehetzt, habe ich beim Warten an der Kasse Zeit verloren und auf der linken Spur der Autobahn bei Tempo 200 wirklich wertvolle Minuten gewonnen?

Der Freundeskreis öffentliche Uhren e. V. hat es sich zum Ziel gemacht, eine ›Begegnungsstätte zwischen und rund um die Uhren‹ zu errichten und sammelt ›öffentliche Uhren‹. Damit sind Zeitanzeiger gemeint, die die Menschen in ihrer sozialen Gemeinschaft verbinden, also Turmuhren, Uhren an und in Rathäusern, Fabriken, Bahnhöfen und öffentlichen Plätzen. Die Einführung solcher Uhren führte zu einem einschneidenden kulturhistorischen Wandel: Das mittelalterliche Zeitempfinden war zuerst vom Wechsel der Jahreszeiten, den Festen des Kirchenjahres und natürlich vom Tageslauf geprägt. Um 1300 wurden die ungenauen Wasser- und Sonnenuhren durch die Erfindung der Räderuhr abgelöst. So konnte bald die Rathausuhr den Menschen einen 24-Stunden-Rhythmus vorgeben und eine rationale Zeitvorstellung hör- und sichtbar machen. Im Laufe des Mittelalters gewannen die Menschen also eine stärkere Sensibilisierung für die Zeit. Und auch in unserer Sprache entstanden erst jetzt Formen wie das Perfekt oder das Futur II.

Nach langer Suche fand der Verein Ausstellungsräume in der denkmalgeschützten Scheune des Rittnerthofs, eines landwirtschaftlichen Betriebs zwischen Durlach und Stupferich. Die Anlage wurde in der zweiten Hälfte des 18. Jahrhunderts auf Betreiben der Markgräfin Karoline Luise errichtet.

Wer mit der Zeit hungrig oder durstig geworden ist, sollte sich im Imbiss mit hausgemachtem Kuchen oder hausgemachter, frisch gekochter Suppe stärken.

OBERMÜHLE /// ALTE WEINGARTNER STRASSE 37 ///
76227 KARLSRUHE /// 07 21 / 9 21 34 44 ///
WWW.RESTAURANT-OBERMUEHLE.DE ///

REVOLUTIONSHAUCH AN DER PFINZ

Durlach – Obermühle

43

Am 25. Juni 1849 erschütterte Kanonendonner die Luft über Durlach, Pulverdampf waberte über die Pfinz. Eine ganze preußische Division stand knapp 1.000 badischen Revolutionären gegenüber. Eine Übermacht, die so manchen Kämpfer erschaudern ließ. Doch Johann Philipp Becker, der Bürstenbindermeister aus Frankenthal, schaffte es, mit seinen Männern den Preußen standzuhalten, und ermöglichte so der badischen Armee den Rückzug.

Friedrich Engels hielt das Gefecht an der Obermühle für die glänzendste Episode des gesamten Revolutionskrieges. An die erbittert geführten Kämpfe erinnern die beiden Kanonenkugeln, die in die Fassade des Mühlengebäudes eingemauert sind. Fast meint man, das Stampfen der heranmarschierenden Preußen zu hören, doch die Geräusche kommen vom Mühlrad, das hinter dem Haus durch die eher ruhige Pfinz angetrieben wird und unermüdlich seine Runden dreht. 1992 wurde das Rad nach alten Beschreibungen neu gefertigt und liefert heute Strom für das Gebäude.

Die Obermühle hat eine lange Geschichte. 1479 wird sie erstmals urkundlich erwähnt und ist wohl kurz zuvor erbaut worden. Seitdem diente sie als Getreidemühle. 1960 schließlich verlor die Obermühle die Mahlerlaubnis. Ein alter Mahlstein ist rechts vom Eingang aufgestellt und erinnert an längst vergangene Zeiten. Das heutige Aussehen der Obermühle ist den Veränderungen der Zeit geschuldet. Immer wieder wurde die Mühle umgebaut, so stammt das Eingangsportal aus dem 17., das Kellerportal aus dem 18. Jahrhundert. 1927 wurde gar ein Teil des Gebäudes abgerissen, um die Alte Weingartner Straße verbreitern zu können. Die Sägemühle auf der Halbinsel zwischen den beiden Wasserläufen wurde zunächst zu einem Städtischen Kraftwerk und dann zu einem Wohnhaus. Heute beherbergt die Obermühle ein Restaurant sowie die Büro- und Vereinsräume der Naturfreunde Durlach.

Familie Weber bereitet im Restaurant köstliche badische Gerichte (man probiere das Schnitzel!), die man an warmen Tagen auch im Biergarten genießen kann.

LETSCHEBACCHUS – DURLACHS WEINSTUBE ///
RAPPENSTRASSE 5 /// 76227 KARLSRUHE /// 07 21 / 9 43 00 90 ///
WWW.ALTE-SCHMIEDE-DURLACH.DE ///

WO DURLACHS WEINGOTT RESIDIERT

Durlach – LetscheBacchus

6/11

Unermüdlich fallen die Schneeflocken vom Himmel und hüllen die kleinen Straßen und Gassen Durlachs in ein weißes Kleid. Der Schnee verschluckt die geschäftigen Geräusche und auch die Straßenbahn ist heute leiser als sonst. Das Paar huscht Arm in Arm seinem Ziel entgegen: einer Treppe zum Untergeschoss eines eher unscheinbaren Hauses. Die schwere Tür fällt ins Schloss und sofort beginnt die angenehme Wärme, zwei kalte Nasen aufzutauen. Wie gut, dass man schon gestern reserviert hatte, denn so warten zwei wuchtige, barocke Sessel mit hoher Rückenlehne und rotem Bezug auf die beiden. Direkt vor dem Kamin sitzen sie, vor ihnen auf dem kleinen Tisch funkelt in den Gläsern ein rubinroter Merlot aus Chile.

Auch wenn man nicht die begehrtesten Plätze am Kamin oder in seiner Nähe ergattert hat, bietet das LetscheBacchus viel Gemütlichkeit. Alle Möbel sind mindestens 100 Jahre alt. Inhaber Michael Goerner reiste auf der Suche nach der passenden Ausstattung quer durch Europa zu verschiedenen Antiquitätenmessen und wurde fündig. Daher kann der Gast nicht nur das Wetter, sondern auch die Gegenwart draußen lassen und sich in Gedanken in ferne Jahrhunderte zurückversetzen. So saßen sie vielleicht auch am wärmenden Feuer, die Herren der Burg oder die Bewohner des Schlosses. Erstaunlich, dass diese Räume einmal Heizungskeller und Rohrlager eines Eisenwarenladens gewesen sind.

Zum Wein bietet die Speisekarte mediterrane Leckerbissen: Damit sind den spanischen Tapas ähnliche kleine Gerichte gemeint, von denen man am besten mehrere bestellt und dann gemeinsam genießt.

Dass Durlach eine eigene Weingottheit besitzt, bezeugt der Name LetscheBacchus, schließlich ist der Durlacher ja der ›Letschebacher‹ und Bacchus der römische Gott des Weines. Oder nicht? Gut, in Wahrheit war es das Ergebnis eines Preisausschreibens zur Eröffnung.

Hausgemachte Brühe mit einem Schuss Weißwein: Das ist die Basis des köstlichen Fleischfondues (von Mitte September bis April, ab zwei Personen).

MARKTPLATZ DURLACH /// KREUZUNG PFINZTAL-, AMTHAUS- UND
ZUNFTSTRASSE /// 76228 KARLSRUHE ///
WWW.KARLSRUHE.DE/B3/FREIZEIT/GRUENFLAECHEN/BRUNNEN/MARKT-
BRUNNEN_DURLACH ///

VOM ›KARLE MIT DE DASCH‹ ZUM LIEBESBRUNNEN

44

Durlach – Marktplatz und Liebesbrunnen

An Sommertagen sitzt man gerne am Durlacher Marktplatz. Ist endlich einer der begehrten Tische vor den Cafés ergattert, lässt man das Treiben an sich vorüberziehen. So manches Mal lächelt der Betrachter und blickt über den Rand der Cappuccino-Tasse zum Marktbrunnen, der gerade wieder ein junges Liebespaar wie magisch angezogen hat. Eng umschlungen steht es da, versunken und die Welt vergessend.

Einen Brunnen gab es auf dem Durlacher Marktplatz bereits im Mittelalter. Zu Ehren des Markgrafen Karl II. von Baden, der seine Residenz von Pforzheim nach Durlach verlegt hatte, wurde 1567 ein steinerner Brunnen errichtet, geschmückt mit einer Statue des Markgrafen aus gelbem Sandstein. Der Markgraf trug den Beinamen ›Karle mit de Dasch‹: Der Legende nach bezahlte er die Bauleute seines Schlosses, der Karlsburg, eigenhändig aus einer Tasche, die er bei sich trug. Und so hatte auch sein Abbild auf dem Brunnen eine Geldtasche. Als Kopie blickt der ›Karle mit de Dasch‹ heute vom Balkon des Rathauses aus auf das Marktgeschehen. (Das Original kann man im Pfinzgaumuseum in der Karlsburg betrachten).

Der heutige Brunnen steht nicht mehr am selben Ort wie sein Vorgänger und ist eine Mischung aus 19. und 20. Jahrhundert: Trog wie Tabernakel stammen noch aus dem Jahr 1862, die Figuren schuf der Bildhauer Klaus Ringwald für die Neueinweihung 1992: ein nacktes, eng umschlungenes Liebespaar in Lebensgröße. Und auch die am Brunnenrand platzierten Tierpaare sind einander zärtlich zugewandt. Was für den Künstler, der gerne provozierte und polarisierte, ein Symbol für das Leben darstellen sollte, wurde für die Durlacher bald zu dem, was es wohl wirklich ist, nämlich ein Zeichen der Liebe. Und so wurde aus dem Lebensbrunnen, wie Klaus Ringwald sein Werk genannt hatte, der Liebesbrunnen.

Besonders mittwochs lohnt ein Besuch des Wochenmarktes, wenn zusätzlich Selbsterzeuger aus der Region ihre Produkte auf dem Bauernmarkt anbieten.

SCHLOSSGARTEN DURLACH /// ECKE PRINZESSENSTRASSE / KARLSBURGSTRASSE /// 76228 KARLSRUHE ///

DES MARKGRAFEN LUSTGARTEN

Durlach – Schlossgarten

45

Vorsichtig streicht die Hand des jungen Mannes über den Sandstein. Dann suchen seine Finger den Beginn des Labyrinths und folgen vorsichtig tastend, fast zärtlich seinem Weg. Der junge Mann ist blind und gewohnt, mit dem Tastsinn zu ›sehen‹. Dennoch ist das dreidimensionale Fingerlabyrinth des Durlacher Bildhauers Oliver Stefani auch für ihn etwas Neues. Sehende führt das Labyrinth in die Welt des geistigen Auges.

Nachdem Markgraf Karl II. (Seite 125) nach Durlach umgezogen war, wurde um 1565 an seiner neuen Residenz ein Lustgarten angelegt, dessen Nachfahre der heutige Schlossgarten mit einer der ältesten Kastanienalleen Deutschlands ist. Und was Samuel Chappuzeau 1671 schrieb, mag heute noch zutreffen: Ein Garten, ›in dem sich das Geflüster der Bäume mit dem Schlagen der Nachtigallen und dem Plätschern einer Wasserkunst mischte …‹ Den Besucher zieht es immer wieder zu den Brunnen, und vor allem der wie ein kleiner Geysir sprudelnde Grotten- und der mit Figuren versehene Nibelungenbrunnen inmitten des Rosengartens hat es ihm angetan.

2011 wurde im umgebauten ehemaligen WC-Häuschen ein Lapidarium eröffnet, um den steinernen Götterbildern, Gedenk- und Grenzsteinen aus der bislang verstreuten Sammlung Friedrichs VI. von Baden-Durlach eine neue Heimat zu geben. Mag die neue Unterkunft aufgrund ihrer vorherigen Nutzung etwas kurios erscheinen, so kann man sich doch keinen besserern Platz denken, befinden sich im Schlossgarten doch steinerne Skulpturen, die eine nähere Betrachtung wert sind: Neben der so genannten ›Karthagerin‹, gibt das Bildnis einer Frau in der Bekleidung des 19. oder frühen 20. Jahrhunderts Rätsel auf, trägt sie doch offensichtlich Schlittschuhe, wie sie seit 1865 Verwendung fanden. Ist sie eine frühe Verfechterin dieses Sports, oder handelt es sich um einen Spaß, den sich ein späterer Restaurator erlaubte?

Der Schlossgarten ist geöffnet von April bis September 6–22 Uhr, von Oktober bis März 7–20 Uhr; im Sommer finden mitunter Veranstaltungen statt.

TIERPARK OBERWALD /// 76199 KARLSRUHE /// 07 21 / 1 33 68 01 ///
WWW.KARLSRUHE.DE/B3/FREIZEIT/ZOO/OBERWALD ///

WO SICH EMU UND WISENT GUTE NACHT SAGEN

Durlach – Tierpark Oberwald

46

Plötzlich war er da und folgte meinem Weg entlang des Zauns: der Emu. Als ich stehen blieb, tat er es mir nach. Und als ich dann ein paar Schritte zurückging, wechselte er ebenfalls die Richtung. Es schien ihm Spaß zu machen. Aber nicht wahre Freundschaft, sondern die Aussicht auf einen Leckerbissen hatte den Emu gelockt. Doch ich musste ihn enttäuschen. Füttern ist im Tierpark Oberwald mit gutem Grund verboten.

Für die Bundesgartenschau 1967 wurde im Zoo und Stadtgarten Platz gebraucht und so wurden einige Tierarten in den Oberwald zwischen der A 5 im Osten und Rüppurr im Westen umgesiedelt. Eine gute Entscheidung, denn heute ist der Tierpark Oberwald ein beliebtes Ausflugsziel. Bei freiem Eintritt und unabhängig von Öffnungszeiten lassen sich auf 16 Hektar Fläche Gazellen, Elche, Sika-Hirsche, ja sogar eine Herde des einst fast ausgerotteten Europäischen Wisents beobachten. Nicht alle Bewohner des Tierparks sind so neugierig wie der Emu. Doch in den großen, aber nicht zu weitläufigen Gehegen muss man nicht lange nach den Tieren Ausschau halten. Die naturbelassene Anlage inmitten des Waldes lässt den Besucher fast vergessen, in einem Zoo zu sein. Sogar Hunde dürfen an der Leine mitgeführt werden. Für die ungeteerten Wege empfiehlt sich jedoch bei feuchtem Wetter festes Schuhwerk.

Eine Attraktion des Tierparks sind neben den Wisenten sicher auch die kleinen Przewalski-Pferde. Benannt sind diese bis zu 146 Zentimeter großen Wildpferde nach dem russischen Expeditionsreisenden Nikolai Michailowitsch Przewalski. Die Tiere waren in freier Natur bereits ausgestorben, jedoch konnten mittlerweile auch Karlsruher Exemplare in Asien wieder erfolgreich ausgewildert werden.

Man erreicht den Park mit den S-Bahnlinien S 1 und S 11, Haltestelle Dammerstock. An den Sportanlagen gegenüber der Haltestelle gibt es auch Parkmöglichkeiten.

Naturfreunde besuchen den nahen Erlachsee mit geschützen Tier- und Pflanzenarten. Die Kleinen lädt der Spielplatz in der Nähe des Tierparks zum Toben ein.

BAGGERSEE GRÖTZINGEN /// BRUCHWALDSTRASSE ///
76229 KARLSRUHE ///

URTÜMLICHE NATUR UND FREIZEITPARADIES

Grötzingen – Baggersee

47

Weit weg vom Lärm der Stadt umrundet ein Spaziergänger den Baggersee. Plötzlich blubbert es im Wasser. Der Spaziergänger erschrickt zunächst, dann wundert er sich, welch große Fische sich hier tummeln. Doch es sind zwei Taucher, die sich langsam dem Ufer nähern. Der See ist beliebt bei den Anhängern dieses Sports und bis in den Winter hinein tauchen sie ein in das dunkelgrüne Nass.

Erst wenn die Sommerhitze vom kühleren Herbsthauch abgelöst und die Wassertemperatur frostiger wird, zieht es mich zum Grötzinger Baggersee. Im Sommer nehmen Hunderte von Menschen jeden erreichbaren Platz am Ufer sonnenbadend, lachend, manchmal lärmend in Besitz, Schlauchboote und Schwimmer bevölkern das Wasser und so manches (nicht erlaubte) Lagerfeuer kokelt vor sich hin. Im Herbst jedoch legt sich ein unsichtbarer Schleier der Ruhe über den See und gibt ihm einen fast urtümlichen Zustand zurück. Jene Boote, in denen noch im Sommer Familien oder Liebespaare auf dem See ruderten, liegen vertäut am Ufer. Es scheint, als ob auch sie Atem holen von der anstrengenden Saison. Wenn nur wenige Spaziergänger und Jogger den See umrunden, versprüht er den Zauber einer urwüchsigen Natur und niemand würde denken, dass hier einst Kies gebaggert wurde. An vielen Stellen ist das Ufer dicht bewachsen, die Zweige der Bäume hängen schwer bis auf die Wasseroberfläche.

Im Sommer hat der See zwei Gesichter: das turbulente des vorderen Teils, den man am besten über die Bruchwaldstraße erreicht (Abzweigung von der B 3 in Richtung der Sportanlagen, am Ende der Straße ist ein großer Parkplatz), und das ruhige, verträumte des hinteren Teils, der als Naturschutzgebiet ausgewiesen ist (B 3 Richtung Weingarten, dann dem Schild ›Fischerheim‹ folgen). Vor dem Parkplatz des Restaurants biegt man nach rechts in den Wald und lässt sich von den oft verschlungenen Wegen treiben.

Im Sommer empfiehlt sich die Anreise per Fahrrad oder per pedes. Im Restaurant Fischerheim kann man sich dann mit Schnitzel oder gebackenem Fisch stärken.

BADISCHES SCHULMUSEUM /// STAIGSTRASSE 10 ///
76229 KARLSRUHE /// 07 21 / 84 15 42 ///
WWW.BADISCHES-SCHULMUSEUM.DE ///

SCHULE ANNO DAZUMAL:

Grötzingen / Grünwinkel – Badisches Schulmuseum

48

Nicht erschrecken – der ältere Herr mit runder Brille, grauem Haarkranz und schwarzem Anzug am Eingang ist nur eine Puppe, die uns dezent darauf hinweist, dass wir gleich in eine andere Zeit eintauchen werden. In der Grötzinger Grundschule ist ein Klassenzimmer aus den 30er-Jahren des vorigen Jahrhunderts mit Originalmobiliar eingerichtet. Hier scheint die Zeit stehen geblieben zu sein. Generationen von Schülern haben ihre Spuren an den alten Tischen und Bänken hinterlassen. An den Wänden und in Vitrinen finden sich Wandkarten, biologische Präparate, Schülermützen oder Zeugnisse. Doch reine Nostalgie ist nicht das Anliegen des Badischen Schulmuseums, sondern ›Schule gestern, heute, morgen‹, wie Günter Utzni, Geschäftsführer des Trägervereins, betont. Man wolle Anregungen aus der vergangenen Schule ins Heute übertragen, deutlich machen, dass nicht alles automatisch überholt sein muss, nur weil es Jahrzehnte zurückliegt. Und wer spüren will, wie sich Schule vor 80 Jahren ›anfühlt‹, sollte eine historische Schulstunde bei Carla Dreßen oder Trudel Zimmermann besuchen. Die beiden sympathischen Damen verwandeln sich in strenge Lehrerinnen, weisen mit einem resoluten »Mütze runter!« auf die Kleiderordnung hin und beginnen den Unterricht mit einem Gebet. Natürlich gehört der Rohrstock dazu, heute jedoch nur Utensil, damals Zeigestock und Züchtigungsinstrument.

Über 2.000 Besucher verzeichnet das 1988 gegründete Schulmuseum im Schnitt pro Jahr, die sich auf Grötzingen und das zweite Klassenzimmer in Grünwinkel, das in den Unterricht der 50er-Jahre entführt, verteilen. Ergänzt werden die beiden Räume durch eine wahrlich originelle Idee: das Rollende Klassenzimmer. In einem auf Räder montierten alten Waggon kommt das Schulmuseum zu Veranstaltungen in der Region und erzeugt immer wieder Staunen bei Kleinen wie Großen, die sich oft nur zaghaft nähern.

Die historischen Schulstunden können von Gruppen gebucht werden; außerdem steht das Klassenzimmer kulturellen Veranstaltungen offen.

CONGRESSO DA CIRO /// AUGUSTENBURGSTRASSE 75 ///
76229 KARLSRUHE /// 07 21 / 46 87 56 ///
WWW.CONGRESSO-DA-CIRO.DE ///

EIN RISTORANTE …
UND EIN GEFÜHL WIE ZU HAUSE

Grötzingen – Congresso da Ciro

7/11

Gestresste Häuslebauer mit Kleinkind und hungrigen Mägen. In dieser an den Nerven zehrenden Situation betraten wir vor zehn Jahren zum ersten Mal das Congresso und staunten nicht schlecht, wie das Ristorante von Felice und Luisa, genannt Lina, Cuffaro allen Ballast von uns nahm. Es war nicht nur das ausgezeichnete Essen, sondern auch die wohlige Atmosphäre und die herzliche Art der Cuffaros, dank der wir uns wie in einem zweiten Wohnzimmer fühlten. Von da an kamen wir immer wieder.

Das Ehepaar Cuffaro hatte schon eine Eisdiele in Linkenheim betrieben, als es 1975 den damaligen Engelhof in Grötzingen pachtete. Eine Hürde war die Speisekarte: Felice hatte in seiner Heimatstadt Raffadali auf Sizilien nie lesen und schreiben gelernt. So ging er einfach auf's Rathaus und bat den verdutzten Angestellten, sie ihm doch zu tippen – und so geschah es. Seine offene, herzliche Art und der ganz besondere Humor halfen Felice Cuffaro nicht nur hier, sie wurden seine Markenzeichen, die die Gäste nie mehr missen wollten. 1983 wurde aus dem Engelhof das Congresso, aus den ehemaligen Pächtern waren Besitzer geworden. Heute sorgen Felice und Linas Tochter Chettina und ihr Mann Ciro für eine nicht weniger herzliche und familiäre Atmosphäre. Eigentlich wollte Chettina ja nicht in die Gastronomie, doch der Wunsch, etwas von den Eltern lebendig zu halten, war stärker. 2010 öffnete das Congresso da Ciro. Manches ist neu, der Gastraum ist in warmen, mediterranen Farbtönen gehalten. Doch die gemütlichen Sitzecken sind geblieben und liefern noch immer ein ausgesprochenes Wohnzimmer-Gefühl. Koch Heiko zaubert dazu leckere Gerichte. Die reichhaltige Speisekarte bietet für jeden etwas und außerdem gibt es ja noch die Monatskarte mit Angeboten aus saisonalen Produkten. Verfeinert wird vieles übrigens mit Olivenöl aus dem eigenen sizilianischen Hain.

Unbedingt sollte man einen Nachtisch wählen: Panna cotta und Tiramisu werden hier immer frisch von Chef oder Chefin höchstpersönlich hergestellt.

EISMARIE /// MARTIN-LUTHER-STRASSE 12 /// 76229 KARLSRUHE /// 07 21 / 48 40 40 /// WWW.EISMARIE.DE ///

EIS AUS BELLA GRÖTZINGA

Grötzingen – Eismarie

8/11

Ich geh meilenweit für … Nein, nicht was Sie jetzt vielleicht denken. Es folgt keine Werbung für einen Glimmstängel: … für eine Kugel Eis bei der Eismarie, so muss der Satz natürlich enden. Wobei, wenn ich es recht bedenke, gehöre ich als Grötzinger zu den Glücklichen, die eben keine Meilen hinter sich bringen müssen, um die köstlich cremige, kalte Süßigkeit aus Karlsruhes ältester Eisherstellung zu genießen. Täglich nehmen viele Leckermäuler einen langen Weg auf sich. Zumeist mit dem Auto, aber auch per Rad finden sie den Weg in die Martin-Luther-Straße zu dem fröhlich-bunten Verkaufsstand; sogar Reiter wurden schon gesichtet.

Über hundert Eissorten sind insgesamt im Programm, von denen ständig vierundzwanzig angeboten werden. Und die allein machen die Auswahl schon schwierig. Ich betrachte die verschiedenen Kreationen und ertappe mich dabei, schon wieder ein Spaghetti-Eis zu bestellen. Ich liebe die halbgefrorene Sahne und natürlich das Vanilleeis, für das die Scheidts 2012 beim ›European Championship of Gelato‹ eine Goldmedaille bekommen haben. Die beiden Steppkes, die vor mir dran waren, machen es da richtig: »Wir probieren alles aus!«, meint Manuel und sein Freund Vincent stimmt ihm zu: »Die sind alle oberlecker!« Dann suchen sie sich einen Platz, um in Ruhe und genüsslich Heidelbeere und Stracciatella zu schlecken. Das Geheimnis des frischen Geschmacks mag im Reinheitsgebot der Familie Scheidt liegen, die ihr Eis ausschließlich auf Milchbasis und ohne Eier herstellt.

Marie, die spätere Großmutter von Bruno Scheidt, zog in den 20er-Jahren des vorigen Jahrhunderts ihren Eiswagen durch's Dorf. Bald schon nannten die Leute sie nur noch Eismarie, und das nicht nur, um sie von einer Namensvetterin zu unterscheiden, sondern auch als Anerkennung für das damals schon sehr beliebte Speiseeis.

☞ Möchten Sie Familie, Freunde oder Kollegen mit einem Eis überraschen, bestellen Sie eine halbe Stunde im Voraus, dann brauchen Sie es nur noch abzuholen.

WEINSTUBE ZUM BUNDSCHUH /// FRIEDRICHSTRASSE 14 ///
76229 KARLSRUHE /// 07 21 / 66 09 07 00 ///
WWW.WEINSTUBE-BUNDSCHUH.DE ///

EDLE TROPFEN IN ALTEM GEMÄUER

Grötzingen – Weinstube Zum Bundschuh

9/11

Wein scheint schon immer die Bestimmung des Hauses gewesen zu sein, das 1463 als typisch spätmittelalterliches Firstständerhaus erbaut wurde. Die breite Fasstreppe zum Gewölbekeller ist ein Indiz dafür, dass der Bundschuh einst einem wohlhabenden Weinbauern gehörte. Seinen Namen, der an die mit Riemen gebundenen Lederschuhe der Bauern und somit an die Bauernaufstände des 16. Jahrhunderts erinnern soll, verdankt es jedoch seinen ›Rettern‹, der Familie Oeter. Architekt Albrecht Oeter und seine Frau Erika kauften 1979 das Abrissgrundstück und hatten schon damals die Idee, hier eine Gastronomie in historischen Gemäuern einzurichten. Statt einem schickem Neubau machten sich Albrecht Oeter und Sohn Max daran, das Gebäude als Denkmal zu restaurieren. Erst allmählich erkannten sie, dass sie das älteste Gebäude Karlsruhes ihr Eigen nennen durften. Dass es ihnen gelungen ist, wird schon beim Blick von außen deutlich. Wundern würde es nicht, wenn Joß Fritz, der Bauernführer aus Untergrombach, herausträte, in der Linken die Bundschuhfahne, in der Rechten die Sense, bereit zum Kampf. Betritt man dann durch zwei hölzerne Türen die Gaststube, ist man vollends im Mittelalter angekommen.

Die zwei Räume mögen eng sein, doch der Gast empfindet diese Enge als kuschelige Gemütlichkeit. Fast schon hofft man, draußen mögen die Schneeflocken herabrieseln, während man drinnen noch enger zusammenrückt und sich Geschichten von Abenteuern, starken Helden und schönen Frauen erzählt. Im Sommer dagegen lockt der romantische Innenhof mit viel Grün.

Doch egal, ob drinnen oder draußen: Man genießt hier gerne ein Viertele aus der gut sortierten Weinkarte, die Speisekarte bietet dazu ideale kulinarische Ergänzungen. Wie sagte doch Salvador Dalí: »Wer genießen kann, trinkt keinen Wein mehr, sondern kostet Geheimnisse.«

Die Spezialität des Bundschuh sind Reh und Wildschwein aus Grötzinger Jagd, zur Verdauung danach sollte ein Tropfen der Grötzinger Destille nicht fehlen.

DER SÜDEN

ATLANTIC Bar

GOLFCLUB HOFGUT SCHEIBENHARDT E. V. ///
GUT SCHEIBENHARDT 1 /// 76135 KARLSRUHE /// 07 21 / 86 74 63 ///
WWW.HOFGUT-SCHEIBENHARDT.DE ///

VOM WEIDWERK ZUR KUNST

Beiertheim-Bulach – Schloss Scheibenhardt

Markgräfin Sibylla Augusta (1675–1733) war eine begeisterte Jägerin. Und wie es sich für diesen Stand gehört, musste ein Jagdschloss her. Scheibenhardt bot sich ideal an, das Jagdrecht wurde dort schon seit dem 16. Jahrhundert ausgeübt, und in der Umgebung gab es genug Wild. So ließ die Fürstin das Schloss ab 1698 umbauen.

Das neue Jagdschloss Scheibenhardt bestand aus einem dreigeschossigen Bau mit einem zentralen Saal, der über Freitreppen mit der Gartenanlage verbunden war. Im Krieg gegen Frankreich (1701–1714) erhielt Scheibenhardt zur Verteidigung einen niedrigen ringförmigen Wall und einen Graben, die heute noch vorhanden sind. Ludwig Georg hatte die Jagdleidenschaft von seiner Mutter geerbt, die ihn nach Kräften darin bestärkte. Auch als Markgraf blieb er mehr Jäger denn Regent und erhielt bald den Spitznamen Jägerlouis. Häufig zog sich er nach Scheibenhardt zurück und vernachlässigte dadurch leider nicht nur die Regierungsgeschäfte, seine Jagdleidenschaft brachte die Markgrafschaft auch finanziell an den Rand des Ruins. Viel Geld investierte Ludwig Georg 1754 auch in den Umbau und die Modernisierung des Schlosses. Ein Jahr später wurde der Hofmaler Heinrich Lihl beauftragt, Wandtapeten im zentralen Saal mit Bildern einheimischer und exotischer Vögel zu bemalen. Die Vorbilder fand der Künstler wildlebend oder in Menagerien am Schloss.

Auch heute bietet Schloss Scheibenhardt Kunst, denn es beherbergt Ateliers der Akademie der Bildenden Künste. So ist an die Stelle gediegener Fürstlichkeit und barocker Baukunst in den verschiedenen großen und kleinen Ateliers chaotisch anmutende bunte Kreativität getreten. Wem eher die Kunst zusagt, kleine weiße Bälle über grüne Flächen zu schlagen, dem sei der Golfclub Hofgut Scheibenhardt e.V. empfohlen, dessen 18-Loch-Platz auch Gästen zur Verfügung steht.

Jedes Jahr im Juli öffnet die Akademie der Bildenden Künste ihre Ateliers fürs Publikum: Bei freiem Eintritt erleben, wie die Künstler arbeiten.

FACHWERKHÄUSER /// BREITE STRASSE UND BULACHER STRASSE /// 76135 KARLSRUHE ///

BAUSUBSTANZ MIT HISTORISCHEM WERT

Beiertheim-Bulach – Fachwerkhäuser

50

Auf die Fachwerkhäuser in Beiertheim wurde ich durch ein Foto aufmerksam: Es zeigt den ›alten Martin‹, Beiertheims letzten Ausscheller, wie er mit der rechten Hand seine Glocke läutet und die amtliche Bekanntmachung von einem Zettel in der Linken abliest. Im Hintergrund ist eines jener Häuser zu sehen, die teilweise noch aus dem 17. Jahrhundert stammen.

Die Dörfer Beiertheim und Bulach wurden bereits im Mittelalter gegründet. Beiertheim in der Namensform Burtan wird bereits im Jahr 1110 in einer Urkunde König Heinrichs V. erwähnt. Beiertheim entwickelte sich als typisches Straßendorf entlang der Breiten Straße, die noch in den 50er-Jahren ihrem Namen alle Ehre machte, denn eine Begrenzung der Fahrbahn und Bürgersteige gab es noch nicht. Ab Mitte des 19. Jahrhunderts erfolgte die Ausdehnung nach Norden in die Marie-Alexandra-Straße und Anfang des 20. Jahrhunderts in die mittlere und östliche Hohenzollernstraße.

Das zweistöckige Fachwerkhaus der Breite Straße Nummer 66 ist das älteste seiner Art in Beiertheim und stammt aus dem Jahr 1688. Durch die Aufschichtungen der Straße im Laufe der Zeit befindet sich der Hausboden heute etwas unterhalb des Straßenniveaus. Noch älter ist das Gebäude mit der Hausnummer 129 aus dem Jahr 1648. Am Beginn der Bulacher Straße steht ein sehr schönes Ensemble aus drei Fachwerkhäusern, die wie die Orgelpfeifen aufgereiht erscheinen; und deren Größe zur Unterführung der Südtangente, dem ›Bulacher Loch‹, hin abnimmt.

Bulach war früher bekannt für seine Wäschereien, was wohl am klaren, weichen Wasser der Alb lag. Der Wäscherinnenbrunnen im Ortskern erinnert an jene Frauen, die für die Stadtbürger die Wäsche machten und sich so zu den Erträgen aus der Landwirtschaft etwas hinzuverdienten.

Von außen wirkt es recht unscheinbar, doch drinnen erwartet den Gast leckere mediterrane Küche: Hammer's Restaurant, Breite Straße 98 (www.hammers-restaurant.de).

ALB /// ZWISCHEN SCHEIBENHARDTER WEG UND
RASTATTER STRASSE /// 76199 KARLSRUHE ///
WWW.GEWAESSERFUEHRER-KARLSRUHE.DE ///

KLEINER FLUSS MIT GROSSER WIRKUNG

Rüppurr – Alb

51

Rein wissenschaftlich gesehen ist die Alb ein Fluss, der etwa sieben Kilometer südlich von Bad Herrenalb entspringt, kurz vor Ettlingen den Schwarzwald verlässt, Karlsruhe tangiert oder durchfließt und bei Eggenstein-Leopoldshafen in den Rhein mündet. Lapidar schreibt Zedlers Universal-Lexikon, die Alb sei ›ein kleiner Fluß (…), welcher aus dem Würtenbergischen von Herrn Alb und Frauen-Alb kömmt, und bey Mühlberg in den Rhein fällt.‹ Doch so lapidar wollen wir die Alb nicht vorbeifließen lassen, schließlich ist sie ein Rückgrat der Naherholung unserer Stadt. Groß war früher auch die wirtschaftliche Bedeutung: Noch im 19. Jahrhundert wurden hier im Schwarzwald geschlagene Baumstämme zu Flößen zusammengebunden und auf der Alb zum Rhein und von dort aus weiter oft bis nach Holland transportiert. Entlang des kleinen Flusses liegen auch die Ursprünge der Industrialisierung des Albtals.

Wer Erholung und Freizeitspaß sucht, wird der Alb früher oder später begegnen. Sie durchfließt die Günther-Klotz-Anlage und speist die dortigen Seen mit ihrem Wasser. Weniger bekannt ist, mit welch ursprünglicher Schönheit sie entlang des Stadtteils Rüppurr fließt. Wo der Scheibenhardter Weg auf die Rastatter Straße trifft, teilt sie sich, und hier, an der künstlich angelegten Fischtreppe, kann man mit etwas Glück Flussneunaugen oder gar Bachforellen auf ihrem Weg zu den Laichplätzen flussaufwärts beobachten. Welchem der beiden Arme des Flüsschens man auch folgt: Es kann romantisch werden, ganz gleich, zu welcher Jahreszeit. Durch die geteilte Alb entstand eine Insel, auf der sich auch das Freibad Rüppurr befindet. In der Nähe seines Eingangs befindet sich ein Paddeleinstieg, an dem die Boote über eine Treppe zu Wasser gelassen werden können; die Alb ist auch ein gefahrloses, wunderschönes Paddelrevier.

Ehrenamtliche Gewässerführer bieten regelmäßig Führungen für unterschiedliche Altersgruppen und Interessensbereiche an.

WASSER- UND BRUNNENMUSEUM /// WASSERWERKSTRASSE 4 ///
76137 KARLSRUHE /// 07 21 / 5 99 32 02 ///

AUF DEN SPUREN DES WASSERS

Südstadt – Wasser- und Brunnenmuseum

52

Was kann an Wasserversorgung schon spannend sein? Mit großer Selbstverständlichkeit drehen wir tagtäglich den Wasserhahn auf, und selten machen wir uns Gedanken über dieses so saubere und klare Lebensmittel. Doch schon der griechische Arzt Hippokrates (5. Jahrhundert v. Chr.) hatte erkannt, dass es ›auf das Wasser am meisten an(kommt), wenn man gesund sein will.‹ Und wo kann man dem kostbaren Nass am besten nachspüren, wenn nicht in einem Wasser- und Brunnenmuseum.

Laut dröhnt die Klingel über das Gelände des ältesten Karlsruher Wasserwerks, 1871 in Betrieb genommen. Längst haben modernere Anlagen die Versorgung der Karlsruher mit Trinkwasser übernommen, doch im Durlacher Wald gehen immer dann die Lichter wieder an, wenn Besucher in die Vergangenheit eintauchen möchten. »204 gängige Brunnen gibt es in Karlsruhe«, erzählt Rüdiger Kauffeld nicht ohne Stolz. Der langjährige Mitarbeiter der Stadtwerke betreut ehrenamtlich das Museum und hält Vorträge im ehemaligen Maschinenhaus. Man hört ihm gerne zu, wenn er von einzelnen Objekten erzählt, und so wird beispielsweise auch der erste Karlsruher Wasserzähler aus dem Jahr 1896 zu einem lebendigen Stück Geschichte.

Überhaupt sind die Karlsruher Brunnen Thema des Museums, in dem auch Kurioses seinen Platz hat: So steht man schmunzelnd vor einer Karikatur, die – wohl im Sinne einiger Gemeinderatsmitglieder des Jahres 1905 – empfiehlt, die nackte Nixe am Stephanienbrunnen sollten nur volljährige Passanten betrachten dürfen.

Zur Einstimmung auf den Besuch des Museums empfiehlt es sich, den Wasserweg entlangzuspazieren, der zwischen den Anlagen des FC Südstern und des PSK beginnt (Haltestelle Dammerstock) und bis zum Wasserwerk führt. Neben informativen Schautafeln sind Leitungen, Rohre, Ventile und anderes bunt bemalt zu Kunstwerken geworden, die ein bisschen an die ›Nanas‹ der Niki de Saint Phalle erinnern.

Das Museum (geöffnet mittwochs, 16 – 18 Uhr) zeigt in wechselnden Ausstellungen Kunstwerke, die sich mit den Brunnen oder dem Thema Wasser beschäftigen.

FILMTHEATER SCHAUBURG /// MARIENSTRASSE 16 ///
76137 KARLSRUHE /// 07 21 / 3 50 00 18 ///
WWW.SCHAUBURG.DE ///

KARLSRUHES ÄLTESTES KINO

Südstadt – Schauburg

53

Der süßliche Geruch von Popcorn wabert durch das Foyer, in dem sich ein bunt gemischtes Publikum zusammengefunden hat. Aber kein aktueller Blockbuster steht auf dem Programm, sondern einer jener gewaltigen Leinwandepen aus vergangenen Kinozeiten: ›Die größte Geschichte aller Zeiten‹, gedreht 1965, als ich gerade das Licht der Welt erblickte. 70 Millimeter nostalgischer Filmgenuss auf gekrümmter Leinwand: das gibt es nur in der Schauburg.

Willy Mansbacher war einer der Pioniere der Karlsruher Filmtheater. 1923 in den väterlichen Kinobetrieb eingestiegen, gründete er 1929 die Schauburg. Zwischen 1935 und 1937 übernahm er zwei Durlacher Kinos und führte alle drei in der Schauburg Filmtheater GmbH zusammen. Nach seiner Rückkehr aus der Emigration und dem Wiederaufbau der im Krieg zerstörten Schauburg leitete er das Kino ab 1953 wieder. 1971 verkaufte Mansbach die Schauburg an Georg Fricker, der sie zu jenem besonderen Programmkino mit Erstaufführungen machte, die sie heute noch ist.

Man sieht der ›alten Kinodame‹ von außen nicht an, welche moderne Technik in ihr steckt: Die Säle Schauburg mit gewölbter Cinerama-Leinwand sowie Theaterbühne und Cinema erhielten die ersten digitalen Projektionsanlagen der Stadt. Sie zeigen zusammen mit dem kleinen Saal Bambi eine besondere Mischung aus aktuellen Filmen, Originalen mit deutschen Untertiteln und Highlights der Filmgeschichte. Doch die Schauburg kann noch mehr: Live-Übertragungen aus den großen Opernhäusern der Welt locken die Liebhaber des Musiktheaters. Für das jährliche TODD-AO 70 mm-Festival mit vielen Klassikern, aber auch modernen, auf das große Format ›aufgeblasenen‹ Streifen, kommen die Cineasten von weit her angereist, und die Open-Air-Aufführungen am Schloss Gottesaue werden werden zum besonderen Gemeinschaftserlebnis (besonders bei Regen) und Kino-Picknick-Event.

Kinderkino: Mama und Papa können bei Filmen wie ›Emil und die Detektive‹ oder ›Pippi Langtrumpf‹ in den Erinnerungen an die eigene Kindheit schwelgen.

BLECHDOSENMUSEUM – MICHAEL BÖHM /// SCHÜTZENSTRASSE 37 ///
76137 KARLSRUHE /// 07 21 / 37 66 66 ///
WWW.ALLES-KRUSCHT.DE/KISTE.HTML ///

GESCHICHTEN VON 10.000 UND EINER DOSE

Südstadt – Blechdosenmuseum

54

Zu den Erinnerungen an meine Kindheit gehören kleine Dosen mit Kondensmilch. Vielleicht denken Sie jetzt, meine Kindheit sei etwas merkwürdig gewesen. Nein, sie war doch ganz normal, nur hatte meine Mutter eben den Tick, immer eine halbe Etage im Kühlschrank mit jenen kleinen Dosen einer bekannten Kondensmilchmarke zu füllen. Nie durften es zu wenige sein und sobald ein oder zwei Dosen geleert waren – schwupps kamen zwei neue dazu, die immer in die hinterste Reihe gestellt wurden. Als ich meine Mutter später einmal danach fragte, bekam ich zur Antwort: »Wenn mal schlechte Zeiten kommen.« Nur schien meine Mutter schlechte Zeiten allein auf Kondensmilch zu beziehen, denn bei allen anderen Lebensmitteln bestand der Vorrat aus normalen Mengen. Wer eine solche Beziehung zu Blechdosen hat, ist natürlich neugierig auf Deutschlands wohl einziges Blechdosenmuseum.

Michael Böhm, genannt Kruscht, bezeichnet sich selbst als Künstler und Visionär. Als er vor über zehn Jahren eine Blechdose im Sperrmüll fand, kam er auf die Idee für eine ungewöhnliche Sammlung dieser Gebrauchsgegenstände. Aus der Idee wurde eine Leidenschaft und aus der ersten Dose sind mittlerweile etwa 10.000 geworden. Aber so genau kann Kruscht das nicht mehr sagen. Leider können gar nicht alle in dem kleinen Laden ausgestellt werden. Das Museum versteht er als Ort zum Verweilen und Innehalten, Plaudern und Leute Treffen. Jeder darf in der Unordnung der vielen Dosen stöbern, alle anfassen, gar aufmachen und sich über den eventuellen Inhalt wundern. Ein Verpackungsmittel, das meist lieblos in den Müll geworfen wird, wird hier Anlass zu Gesprächen und Geschichten, zum Philosophieren. Und wie die Emaille-Werbeschilder, die zwischen 1860 und 1960 ihre Blütezeit erlebten, sind auch die älteren Dosen oft kleine Kunstwerke der Werbegrafik, die es sich lohnt, länger zu betrachten.

Das Blechdosenmuseum bietet ein besonderes Ambiente für kleinere kulturelle oder private Veranstaltungen. Michael Kruscht Böhm ist offen für viele Ideen.

ZOOLOGISCHER STADTGARTEN /// ETTLINGER STRASSE 6 ///
76137 KARLSRUHE /// 07 21 / 1 33 68 15 ///
WWW.KARLSRUHE.DE/B3/FREIZEIT/ZOO.DE ///

NATURPARADIES ZWISCHEN HAUPTBAHNHOF UND KONGRESSZENTRUM

Südweststadt – Zoologischer Stadtgarten

55

Es gibt Stars, die streifen Karlsruhe nur kurz: für ein Konzert oder eine TV-Sendung. Und es gibt Stars, die das ganze Jahr über in Karlsruhe präsent sind. Und mehr noch: Sie lassen sich – mal mehr, mal weniger – fotografieren und liefern oft einen spontanen Auftritt. Diese Stars haben ihre Heimat unweit des Hauptbahnhofs und gehören zu den Gattungen der Eisbären, Robben, Pinguine und vielen anderen.

Ausgerechnet Mitglieder des Badischen Vereins für Geflügelzucht gründeten am 9. September 1865 den ›Thiergarten‹, der zwölf Jahre später von der Stadt übernommen wurde. Der Karlsruher Zoo ist damit eine der ältesten Anlagen dieser Art in Deutschland, noch heute wird das 1913 errichtete Seelöwenbecken genutzt. Eine erste Attraktion in der Geschichte des Zoos war 1923 ein Königstiger, heute sind es vor allem die Eisbären, die in einer naturnahen Fels- und Wasserformation zu Hause sind. Selten ist ein Zoo so eingebunden in die Stadt und damit ganz nah an den Menschen, wie in Karlsruhe, wo manche dank Jahreskarte gar ihren Weg zur Arbeit durch die Anlage wählen. Über das Erlebnis, exotischen Tieren in der Stadt zu begegnen, hinaus ist der Zoo wissenschaftlich eingebunden in verschiedene Projekte des Natur- und Artenschutzes. Zum Karlsruher Zoo gehört auch eine Außenstelle im Oberwald.

1967 wurde anlässlich der Bundesgartenschau der Tiergartenweg größtenteils als Fußgängerbrücke angelegt und somit die Trennung des Zoos vom nördlich anschließenden Stadtgarten aufgehoben. So entstand eine über 30 Hektar große Anlage, die auch dem Ruhe Suchenden ein Eckchen bietet: an den Ufern des Sees, im Rosengarten mit seinen über 200 Sorten oder im Japanischen Garten mit seiner Nachbildung der Landschaft vom Gebirge bis zum Meer sowie des ›Kare Sansui‹ (Zen-Garten) mit Steinanordnungen, hinter denen ein tieferer Sinn steckt.

Fahren Sie mit einem seilgezogenen Boot, einer Gondoletta, völlig entspannt durch den Park (Karfreitag bis Mitte Oktober täglich 11 – 18 Uhr).

EUROPABAD KARLSRUHE /// HERMANN-VEIT-STRASSE 5 ///
76135 KARLSRUHE /// 07 21 / 16 02 24 00 ///
WWW.KA-EUROPABAD.DE ///

COOLE ACTION UND KÜHLES NASS

Südweststadt – Europabad

56

»Absolut cool – Man kann hier richtig viel Action machen!« Vincent und seine Freunde müssen nicht lange überlegen, wenn man sie fragt, wie ihnen das Europabad gefällt. Immer wieder stellen sie sich in die Warteschlangen an den drei Attraktionen, die am meisten Spannung versprechen: Reifenrutsche, Raketenrutsche und natürlich der 100 Meter lange Wildwasserfluss. Mich zieht es dagegen ins Außenbecken, besonders bei kühlen Temperaturen fühlt man sich im dampfend warmen Wasser so richtig wohl. An der Seite ein unscheinbares rundes Becken, ideal, um sich abseits der anderen Schwimmer auszuruhen. Doch was ist das? Das Wasser beginnt sich zu bewegen und zu sprudeln. Ich bin im Champagnerkreisel gelandet, der immer mehr Fahrt aufnimmt. Bei höchster Geschwindigkeit heißt es nur, sich treiben zu lassen, denn alles andere verhindert der Wasserstrom. Nach ein paar Minuten ist der Spaß wieder vorbei und ich verlasse dieses ›bewegende‹ Becken.

Die Gruppe der Jungen ist inzwischen zum Aquacross weitergewandert. Auf dem Kletterparcours mit Hängebrücke, Wackelbalken und schwimmenden Inseln lässt man sich so manches Mal auch absichtlich ins Wasser fallen. So viel Bewegung macht natürlich hungrig und so gibt's die kleine Knabberpause mit Currywurst und Pommes im Restaurant, in dem man auch frühstücken kann. Derweil träume ich in der Goldgrotte in sprudelndem Wasser vor mich hin und genieße immer mal wieder die duftenden Schwaden des Dampfbades.

Für diejenigen, die gerne so richtig ins Schwitzen kommen, bietet das Europabad gar fünf verschiedene Möglichkeiten, über das ›Schwytzhaus‹ im Außenbereich über eine Finnische Sauna bis zum Römischen Dampfbad.

Meine liebste Jahreszeit fürs Europabad ist der Herbst, wenn man die letzten wärmenden Sonnenstrahlen draußen genießen kann, doch Karlsruhes Spaßbad lohnt sich an jedem Tag des Jahres.

Mal kurz vor der Arbeit ein paar Bahnen ziehen kann man am Dienstag und Donnerstag zwischen 6.30 und 9.30 Uhr.

THERME VIERORDTBAD /// ETTLINGER STRASSE 4 /// 76137 KARLSRUHE /// 07 21 / 1 33 52 25 /// WWW.KA-BAEDER.DE/VIERORDTBAD1/ ///

BADEN WIE DIE GÖTTER IM OLYMP

Südweststadt – Therme Vierordtbad

57

Ein ›Wannenbad 2. Classe, nicht heizbar, mit 2 Handtüchern, nur für Frauen‹: 70 Pfennig kostet der Spaß, der angesichts der Wassertemperatur wahrscheinlich gar kein Spaß ist. Wir befinden uns im Vierordtbad des Jahres 1893. Zu dieser Zeit hatten viele Mietshäuser noch keine Bäder, sodass man für das wöchentliche Wannenbad eine öffentliche Badeanstalt aufsuchte – streng getrennt nach Männern und Frauen, versteht sich. Den Besuchern standen Wannenbäder erster und zweiter, später auch dritter Klasse zur Verfügung. Daneben wurden auch Kohlesäure-, Schwefel- und Dampfbäder angeboten. Der Bankier Heinrich Vierordt ermöglichte durch die Stiftung den Bau, der 1871 nach Plänen von Josef Durm im klassizistischen Stil begonnen wurde. Am 6. April 1873 öffnete das Vierordtbad seine Pforten. Obwohl man 1897 wegen baulicher Mängel einen Abriss erwog, wurde das Bad im Jahr 1900 sogar um eine Schwimmanlage erweitert. Die Stadtoberen scheuten das finanzielle Risiko, da man im Falle des Abrisses die Stiftungsmittel durch eigene hätte ersetzen müssen.

Wären Zeitreisen möglich, so dürfte das Vierordtbad des Jahres 2012 die Besucher aus seinen Anfangsjahren in Erstaunen versetzen, sicher aber auch die Schamesröte ins Gesicht treiben. Täglich ab 15.00 Uhr sowie an Wochenenden und Feiertagen ist nämlich textilfreies Baden erlaubt. Seit das Bad 2004 komplett umgebaut wurde, ist es zu einer Perle der Badelandschaft des Südwestens geworden und trägt nicht umsonst vier Wellness-Sterne des Heilbäderverbands Baden-Württembergs.

Die klassizistische Rotunde ist das Herzstück des Vierordtbads, von wo aus man über den Ruhebereich in die Saunalandschaft beziehungsweise das Badehaus gelangt. Im Wasser der beiden Becken mit Temperaturen von 30–34 und 28–32 °C und den Brodelbuchten lässt es sich herrlich entspannen; Lichteffekte und Unterwassermusik tun ihr Übriges.

Der Künstler Eckhard Sültemeyer schuf die Stein-(Balance)-Skulpturen in den Innenhöfen. Viermal im Jahr gibt es zudem Klänge von Gitarre oder Querflöte.

GÜNTHER-KLOTZ-ANLAGE /// JUNKER-UND-RUH-WEG ///
76135 KARLSRUHE ///

›CENTRAL PARK‹ AN DER ALB

Südweststadt/Mühlburg – Günther-Klotz-Anlage

58

»Gib den Ball ab!«, »Mama, guck mal!«, »Tor!«: Das Gewirr aus Stimmen, begleitet von Hundegebell und den charakteristischen Geräuschen diverser Sportarten dringt an das Ohr, sobald man den Rand des Parks erreicht hat. Karlsruhes lebendigste Grünanlage ist vieles zugleich: Naherholungsgebiet, Treffpunkt für jedermann und Schauplatz eines der größten Open Air Festivals der Republik.

Was dem New Yorker sein ›Central Park‹, ist dem Karlsruher die ›Klotze‹, wie die Anlage liebevoll genannt wird. Zwischen den Stadtteilen Grünwinkel, Mühlburg, Weststadt, Südweststadt und Beiertheim-Bulach gelegen, ist die Günther-Klotz-Anlage zwar kein zentraler Punkt der Stadt, aber wie ihr amerikanischer Bruder bietet sie vielfältige Möglichkeiten, sportlich aktiv zu sein: Joggen und Walken entlang der Alb, Volley- oder Basketball mit Freunden auf dafür angelegten Spielflächen. Wer's gemütlich mag, picknickt zum Beispiel auf dem Hügel, dem ›Mount Klotze‹, mit Blick über die Stadt. Verliebte mieten ein Boot auf dem größten der künstlich angelegten, von der Alb mit Wasser versorgten Seen. Zum Bootsverleih führt eine romantische Brücke, die 1905 als Fußgängerbrücke am ehemaligen Bulacher Gasthaus Schäumende Alb errichtet wurde. Die Kurzen wiederum können auf dem betreuten Aktivspielplatz toben und werkeln, die Größeren üben auf dem Skateplatz im Nordosten ihre Sprünge. Auch an die vierbeinigen Freunde ist gedacht, die auf einer Hundeauslauffläche herumtoben können. Und schließlich sollen sich Enten, Reiher und andere Vögel wohlfühlen und den Nachwuchs in geschützten Brutflächen an der Alb und einem künstlichen Schilfbiotop zur Welt bringen und aufziehen können.

Die Günther-Klotz-Anlage, benannt nach dem ehemaligen Oberbürgermeister (1952–1970), ist mit dem PKW (Parkplatz Europahalle) oder mit der Linie 1 (Haltestelle Europahalle) zu erreichen.

Ein Muss für alle Musikfans ist ›Das Fest‹ Ende Juli mit regionalen wie internationalen Pop-Künstlern sowie Klassik – mit 5 Euro pro Tag fast ›für umme‹.

ZENTRUM FÜR KUNST- UND MEDIENTECHNOLOGIE ///
LORENZSTRASSE 19 /// 76135 KARLSRUHE /// 07 21 / 8 10 00 ///
WWW.ZKM.DE ///

DIGITALE KULTURFABRIK

Südweststadt – ZKM

59

›Windows hat ein neues Gerät erkannt. Das neu angeschlossene Gerät konnte jedoch nicht erkannt werden.‹ Ratlos blicke ich auf den Bildschirm und beginne nachzudenken: Was will mir mein Computer damit sagen? Hat er sich im Raum-Zeit-Kontinuum verfangen oder will er mich in einen philosophischen Diskurs über die Unmöglichkeit des Seins verwickeln? Aber nein, auf meinem Schreibtisch steht keine Künstliche Intelligenz, hier stand nur jemand auf Kriegsfuß mit den Möglichkeiten der deutschen Sprache.

Doch die Verbindung von Computer, Philosophie und Kunst führt mich zum ZKM, dem Zentrum für Kunst- und Medientechnologie, dessen Aufgabe es ist, ›die schöpferischen Möglichkeiten einer Verbindung zwischen traditionellen Künsten und Medientechnologie auszuloten, um vorausweisende Resultate zu gewinnen‹; so formulierte es sein Gründer Heinrich Klotz 1992. Die 1989 gegründete, weltweit einzigartige Verbindung aus zwei Museen, drei Forschungsinstituten und einer Mediathek ist in ehemaligen Produktionshallen einer Waffen- und Munitionsfabrik untergebracht. Das 312 Meter lange und in 10 Lichthöfe unterteilte Gebäude ist schon architektonisch etwas Besonderes. Hinter den Fassaden vereinen sich Forschung und Produktion, Ausstellung und Sammlung an der Schnittstelle von Kunst und Wissenschaft. Sichtbar wird dies in den interaktiven Installationen des Medienmuseums, die den Besucher auf vielfältige Weise einbeziehen. Faszinierend, spannend, manchmal irritierend. Ich erinnere mich an die Ausstellung ›You_ser‹ (2007–2009), in der Medien-Kunstwerke erst in der Interaktion entstanden. So ließ Marc Lee in seiner Installation ›Breaking the News – Be a News Jockey‹ den Besuchern eigene News kreieren, oft mit bewussten Irritationen und Desorientierungen. Eine gute Vorbereitung für kleine Herausforderungen, die unsere Computer an uns stellen.

Im gleichen Gebäude befindet sich auch die Städtische Galerie Karlsruhe mit klassischer und zeitgenössischer Malerei (Lichthof 10, 0721/1334401).

UM KARLSRUHE HERUM

MICHAELSBERG /// MICHAELSBERGSTRASSE ///
76646 UNTERGROMBACH ///

BEGEGNUNG MIT DEN HIMMLISCHEN MÄCHTEN

Bruchsal-Untergrombach – Michaelsberg

60

Lange entzieht sich das Kleinod auf dem Michaelsberg dem Wanderer. Von der Straße aus hatte man die weiße Fassade der Kapelle auf dem 272 Meter hohen Berg über dem Ort bereits leuchten gesehen. Doch während des Aufstiegs bleibt sie verborgen und erst auf der Kuppe zeigt sie sich wieder in ihrer ganzen Pracht. Dort oben öffnet sich der Blick zu den Höhen der Pfälzer Berge, des Schwarzwaldes und der Bergstraße.

Die Spuren menschlicher Nutzung lassen sich bis in das 4. Jahrtausend vor Christus zurückverfolgen. Reste von Tongefäßen sowie Tierknochen lassen darauf schließen lassen, dass der Michaelsberg als höchster Punkt im westlichen Kraichgau schon in der Jungsteinzeit besiedelt war. Archäologen sprechen von der Michelsberger Kultur, deren charakteristisches Merkmal die sogenannten Tulpenbecher sind. In germanischer Zeit könnte der Berg als Kultplatz gedient haben, durch die Christianisierung wurde daraus ein christliches, dem Lucifer-Bezwinger Michael geweihtes Heiligtum. Ein Gotteshaus ist erstmals für das Jahr 1346 belegt, das wie seine Nachfolgebauten zu einem Wallfahrtsziel wurde. Fürstbischof Damian Hugo von Schönborn ließ 1742 eine barocke Kapelle errichten, die im Zuge der Säkularisation 1803 aufgehoben wurde und in den Folgejahren unter anderem als Schweinestall und Schmiede diente, bis sie 1855 restauriert wurde.

Die prachtvolle Ausstattung im Innern lohnt ein längeres Verweilen. Neben den Figuren der 14 Nothelfer fasziniert vor allem die Farbenpracht der Deckengemälde, allen voran in der Mitte der heilige Michael im Kampf gegen die aufrührerischen Engel.

Den Michaelsberg erreicht man zu Fuß von der Kirche aus oder mit dem Auto: Von Untergrombach Richtung Obergrombach, kurz vor Ortsende links hoch (Steigweg) und der Beschilderung folgen. Parkmöglichkeiten befinden sich hinter dem Restaurant.

Im Sommer öffnet das Restaurant hinter der Kapelle einen Selbstbedienungsbiergarten. Sind alle Plätze belegt, nimmt man das Getränk mit auf die Wiese.

WATTHALDENPARK /// NEBEN HOTEL WATTHALDEN,
PFORZHEIMER STRASSE 67 A /// 76275 ETTLINGEN ///

EXOTISCHES KLEINOD IM ALBTAL

Ettlingen – Watthaldenpark

61

Betritt man den Watthaldenpark an der Einmündung der Luisenstraße, sieht man ihn gleich: Sequoiadendron giganteum, besser bekannt als Mammutbaum. Der größte und höchste steht direkt am Weg: etwa 1890 wurde er gepflanzt und ist heute ein Naturdenkmal. Der rotbraune Stamm wirkt beeindruckend und doch ist dieser Baum noch ein Baby, wenn man sich vorstellt, dass die ältesten Mammutbäume über 3000 Jahre alt sein sollen und der größte seiner Art einen Stamm mit 13 Metern Durchmesser besitzt. Ettlingen lag im Trend der Zeit, als der Baum gesetzt wurde, denn seit Mitte des 19. Jahrhunderts wurde Sequoiadendron als Parkbaum gepflanzt.

Der kurze Rundweg um den kleinen naturbelassenen See bringt weitere Begegnungen mit exotischen oder in deutschen Parklandschaften eher selteneren Bäumen, sodass man schnell vergisst, dass man eigentlich in einer Stadt am Rande des Schwarzwalds ist. Ausgestattet mit Picknickkorb und Decke geht es jetzt zur Spiel- und Liegewiese. Die Kurzen hält's nicht lange, sie haben die Spielburg und die im Kreis angeordneten Schaukeln daneben entdeckt. Die Großen öffnen die Proseccoflasche, prosten sich zu und diskutieren über dies und das, vielleicht ja auch über die Skulptur ›Zwei Häuser und Rippen‹ des Ettlinger Bildhauers Werner Pockorny, die am Rand der Liegewiese ihren Platz gefunden hat. Und man kann durchaus zu anderen Interpretationen kommen, als der Titel suggeriert.

Jedes Jahr an einem Wochenende im Juni kommt richtig Leben in den Park: Das Watthaldenfestival bringt bei freiem Eintritt die unterschiedlichsten musikalischen Stilrichtungen zusammen, daneben gibt es natürlich auch reichlich Bewirtung. Die herrliche Villa Watthalden, die heute das Restaurant Hartmaier's beherbergt, wurde 1818 von Johann Ulrich, einem Schüler Friedrich Weinbrenners, als Villa für den Ettlinger Ölmüller Ignaz Häscher gebaut.

Vom Park aus lohnt sich der Aufstieg (über Bodelschwingh- und Bismarckstraße, dann dem Panoramaweg folgen) zum Bismarckturm mit herrlichem Ausblick.

SCHLOSS ETTLINGEN /// KLOSTERGASSE 8 /// 76275 ETTLINGEN ///

BAROCKE LEBENSLUST UND MUSIKALISCHER HOCHGENUSS

Ettlingen – Schloss

62

Die Mauern stecken voller Musik, aufgesogen in Jahrzehnten. Doch sie bleiben für den Besucher unhörbar im Sandstein verborgen, so sehr er sich auch anstrengt. Ihre Anwesenheit jedoch scheint spürbar, wandelt man zu einer ruhigen Stunde durch den Innenhof des Ettlinger Schlosses. Wer Musicals liebt, kommt an den Schlossfestspielen genauso wenig vorbei wie Freunde der klassischen Liedkunst an der Schubertiade.

Markgräfin Augusta Sibylla ahnte sicher nicht, dass ihr Witwensitz dereinst zu einem Musik-Mekka werden würde, als sie nach dem Tod ihres Gatten, des Markgrafen Ludwig Wilhelm (genannt Türkenlouis), zwischen 1727 und 1733 den Baumeister Michael Rohrer ein barockes Schloss mit vier Flügeln errichten ließ. Rohrer integrierte Reste der Vorgängerbauten, unter anderem den mittelalterlichen Bergfried, und kreierte ein Ensemble verschiedener Stilrichtungen. Den endgültigen Zustand ihres neuen Heims konnte die Markgräfin jedoch nicht mehr lange genießen, denn sie starb im Jahr der Vollendung. Besonders am Herzen lag ihr die Schlosskapelle, der heutige Asam-Saal. Als Patron wählte sie den heiligen Nepomuk und beauftragte Cosmas Damian Asam mit einem Bild für die Kuppel, das den Lebens- und Leidensweg des Heiligen in dreißig Fresken darstellt. Sehenswert ist auch der Rittersaal mit Wandmalereien und einem beeindruckenden Kronleuchter.

Der Innenhof, Schauplatz der Schlossfestspiele, beeindruckt durch seine imposanten Fassaden, die teilweise architektonische Elemente nur vorgaukeln. Bemerkenswert ist auch der Brunnen von 1612. Ein goldener Delfin, der gemäß alter Vorstellungen wenig freundlich aussieht, spie einst Wasser und gab dem Brunnen den Namen Delfinbrunnen.

Im Schloss befindet sich ist das Albgaumuseum, unter anderem mit Sammlungen zur Ettlinger Stadtgeschichte, regionaler Kunst seit 1900 und einer Gemäldegalerie.

Die Open-Air-Aufführungen der Schlossfestspiele (www.schlossfestspiele-ettlingen.de) lassen sich dank Überdachung auch bei feuchtem Wetter genießen.

KUNSTVEREIN ETTLINGEN – WILHELMSHÖHE ///
SCHÖLLBRONNER STRASSE 86 /// 76275 ETTLINGEN ///
0 72 43 / 1 38 74 /// WWW.KUNSTVEREIN-ETTLINGEN.DE ///

JUNGE KUNST AM RAND DES SCHWARZWALDS

Ettlingen – Kunstverein Wilhelmshöhe

63

Eine Haltestelle direkt am Ufer der Alb: Schild, Fahrplan und Sitzbank. Nur dass hier niemals ein Bus oder eine Straßenbahn vorbeikommen wird. Ein Dummejungenstreich? Nein, ein Objekt des Künstlers Jan Löchte im Rahmen des Projekts ›Promenadenmischung‹ (2005), mit der der Kunstverein Wilhelmshöhe – nach eigenem Bekunden – einmal mehr seinem Anspruch gerecht wurde, mehr Kunst in den öffentlichen Raum zu bringen. Langfristiges Ziel des Vereins ist es, ein Bewusstsein dafür zu schaffen, dass die Teilhabe an Kultur zu den Bürgerrechten gehört.

Die Bildhauerei ist ein Schwerpunkt in der Tätigkeit des 1985 gegründeten Kunstvereins. Wenn er auch zu den jüngsten seiner Art in Deutschland zählt, so hat der Verein dennoch bereits 160 Ausstellungen mit rund 500 Künstlerinnen und Künstlern aus der nationalen und internationalen Kunstszene organisiert. Von den wenigen Aktionen innerhalb der Stadt abgesehen, finden sie in den hellen Räumen an der Schöllbronner Straße oberhalb Ettlingens statt. Nur wenige der Vorbeifahrenden denken wahrscheinlich an die kreativen Schätze, die hier zuweilen das Auge des Betrachters suchen. Vielleicht sollte man auch nicht die Landstraße nehmen, die nach einer scharfen Kehre die Autofahrer dazu verleitet, Gas zu geben und an dem Backsteingebäude vorbeizurauschen. Gemächlicher geht es zu Fuß den Berg hinauf, vorbei an Kletterpark ›Gate‹ und Schützenhaus, um die Wilhelmhöhe, den ›Gipfel der Kunst‹, zu erklimmen.

Das Gebäude wurde 1898 als Naturheilsanatorium erbaut. Nach einer Nutzung als Altersheim zogen Anfang der 80er-Jahre Künstlerinnen und Künstler ein und bildeten eine Ateliergemeinschaft. Doch statt musischem Rückzug in die Waldabgeschiedenheit begann man, das Haus mit kulturellen Veranstaltungen zu beleben, aus dem Freundeskreis der Ateliergemeinschaft wurde bald der Kunstverein.

Eine Ergänzung zur Wilhelmshöhe bietet die Städtische Galerie im Ettlinger Schloss mit regionaler Kunst von 1900 bis in die Gegenwart.

NUR DAS BOOT SCHAUKELT IM WASSER, DIE RESTAURANTS LIEGEN AUF DER INSEL:

HOTEL UND RESTAURANT WALDFRIEDEN /// INSEL ROTT 2 /// 76351 LINKENHEIM-HOCHSTETTEN /// 0 72 47 / 41 75 /// WWW.INSELROTT.DE ///

RESTAURANT FISCHERHEIM /// INSEL ROTT 1 /// 76351 LINKENHEIM-HOCHSTETTEN /// 0 72 47 / 44 67 /// WWW.INSEL-ROTT-FISCHERHEIM.DE ///

MEKKA FÜR FISCHLIEBHABER

Linkenheim-Hochstetten – Insel Rott

64

Liebhaber leckerer Fischgerichte sind öfter reif für die Insel: nämlich für die Insel Rott, die eigentlich, man möge es mir verzeihen, keine richtige Rheininsel ist. Sie entstand durch die Rheinbegradigung im 19. Jahrhundert und wird daher durch den heutigen Rhein sowie Reste des Altrheins begrenzt. Man kann die Insel zu Fuß von der Fähre Leopoldshafen/Leimersheim aus über den Uferweg erreichen, der zwar durchgehend befestigt, jedoch bereits bei mittlerem Wasserstand teilweise überflutet ist. Einfacher ist daher die Anfahrt von Hochstetten aus, oder man lässt das Auto am Baggersee Giesen stehen und geht zu Fuß zur Insel. Indem man zweimal den Altrhein überquert, kann man sich schon ein bisschen einstimmen auf die kulinarischen Genüsse, denn der eine oder andere Fischerkahn ist am Ufer vertäut.

Doch zunächst gehen wir an den Restaurants vorbei direkt zum Flussufer. Hier, bei Stromkilometer 375,9, steht das weiße Haus, wahrscheinlich Anfang des 20. Jahrhunderts gebaut. Es dient als Strommeisterhaus und Materiallager. Etwas weiter nördlich, bei Kilometer 376,57, steht der Myriameterstein Nr. 19. Ein solcher Stein kennzeichnet die nach der Rheinbegradigung eingeführte Vermessungseinheit, wobei ein Myriameter einem Kilometer entspricht. Betrachtet man den Stein näher, entdeckt man eine Reihe von Angaben: Auf der dem Land zugewandten Seite steht die Entfernung nach Basel und Rotterdam (unten), auf der Wasserseite die Höhenangabe in Metern bezogen auf den Pegel Amsterdam und auf der Bergseite sowie der Talseite jeweils die Entfernungen von der badischen Landesgrenze.

Nun aber wird es Zeit zum Essen und wir haben die Qual der Wahl: Gehen wir ins Fischerheim, das immer wieder besondere saisonale Angebote bietet, oder ins Restaurant Waldfrieden, wo Süßwasserfische aus eigenen Fängen in verschiedenen Zubereitungsarten auf der Karte stehen?

☞ Von Speyer aus werden Schiffsfahrten zur Insel mit einem längeren Aufenthalt angeboten. www.personenschifffahrt-streib.de

NATURERLEBNISPFAD PFINZTAL /// KÖNIGSBACHER STRASSE /// 76327 PFINZTAL /// 0 72 40 / 6 24 00 /// WWW.PFINZTAL.DE/PFINZTAL/PFINZTAL_NATUR_ERLEBNISPFAD.PHP ///

DEN WALD MIT (FAST) ALLEN SINNEN ERLEBEN

Pfinztal-Söllingen - Naturerlebnispfad

65

Es riecht nach frischem Waldboden, Vögel zwitschern und die Bäume spenden kühlenden Schatten. Gleich neben dem Parkplatz am ›Eingang‹ zum Pfad lockt uns ein Tümpel. Zwei Libellen kreisen spielerisch über der Oberfläche des trüben Wassers. Von Ferne erinnert das Surren einer Motorsäge daran, dass der Wald einem ständigen Wandel unterliegt. Es lohnt sich, den Naturerlebnispfad zu verschiedenen Jahreszeiten zu besuchen

Naturerlebnis, Spaß und Information sind auf dem Rundkurs des Naturerlebnispfades Pfinztal (N.E.P.P.) mit seinen vielen verschiedenen Stationen in idealer Weise verbunden. Und es ist für jedes Alter und für jedes Interesse etwas dabei. Die Kleinen werden begeistert sein von den hölzernen Fabelwesen, dem Waldxylophon aus dünnen Baumstämmen oder dem Pirschpfad, auf dem sie durch das Unterholz schleichen können: Wer wird wohl zuerst die Tiere des Waldes entdecken, die als hölzerne Abbildungen zwischen Bäumen und Sträuchern versteckt sind? Schulkinder, aber natürlich auch Erwachsene, bekommen Einblicke in die ›Wohnungen‹ unterschiedlicher Insekten oder verharren still vor den Lebensräumen des Waldes: Je ein Stein-, Totholz- und Laubhaufen zeigen besonders im Sommer, wie viel wuseliges Leben in ihnen steckt. Vielleicht sonnt sich auch gerade eine Eidechse auf den Steinen oder zwei Hirschkäfer tragen mit ihren großen, ein bisschen an Geweihe erinnernden Mundwerkzeugen ein Duell um ihr Revier aus. Die größte Gaudi dürfte sicher der Barfußpfad sein. Wenn zarte, nur Schuhe gewöhnte Füße Kies oder Zweige berühren, tönt so manches »Huch« und »Autsch« durch den Wald. Hat man es einmal geschafft, will man die wohltuende Massage gleich noch einmal erleben.

Den N.E.P.P. erreicht man mit dem Auto über die B 10. In Söllingen biegt man in Richtung S-Bahnhof ab, von dem aus der Weg zum Waldparkplatz ausgeschildert ist.

Besuchen Sie den N.E.P.P. zu ruhigen Zeiten, beispielsweise am Sonntagvormittag, und lassen Sie sich mit allen Sinnen auf die Natur ein. Fernglas nicht vergessen!

HOTEL-RESTAURANT ZUM LAUB /// KARLSRUHER STRASSE 87 ///
76327 PFINZTAL-BERGHAUSEN /// 07 21 / 46 94 99 ///
WWW.ZUMLAUB.DE ///

VON KAISER UND STORCH

Pfinztal-Berghausen – Zum Laub

Heute rauscht der Verkehr mit vielen Pferdestärken an dem gelben Haus mit den auffallend grünen Fensterläden vorbei. Vor der Erfindung des Autos bogen Kutschen in den Hof, denn das Laub bot als Poststation Gelegenheit für Mensch und Tier, Kräfte zu tanken. 1808 fuhr eine Kutsche mit einem hochrangigen Gast vor: Kein Geringerer als Napoleon Bonaparte, Kaiser der Franzosen, entstieg dem Gefährt. Der kleine Korse befand sich auf dem Höhepunkt seiner Macht. Vier Jahre später, im Winter 1812/13, nächtigte Napoleon erneut hier, diesmal jedoch als geschlagener Feldherr auf dem Rückzug. In den Gefechten an der Beresina im heutigen Weißrussland hatte sich sein Schicksal besiegelt. Wir wissen nicht, ob das Abendessen, Bibbeleskäs' und Kartoffeln, den Kaiser etwas trösten konnte, sicher aber ist, dass noch heute die Bratkartoffeln eine Spezialität des Laub sind.

In der 18. Generation führt Familie Becker heute Restaurant und Hotel in dem 1558 vom Urahn Hans Jakob Becker erbauten Haus. Der Kunstschmied und Holzschnitzer wählte ein Laubblatt zum Wappenmotiv und so kam das Laub zu seinem Namen. Das Gebäude trotzte allen Revolutionen und Kriegen und steht heute unter Denkmalschutz. In den rustikalen Räumen der Gaststube mit ihren niedrigen Decken erzählen viele Gegenstände ihre eigenen Geschichten. Staunend und gerührt betrachtet man zum Beispiel die roten Socken, die auf Nachfrage gerne gezeigt werden. Sie gehörten einst einem zahmen flügellahmen Storch. Der aus dem Nest gefallene Adebar wurde von Karl Albert Becker gepflegt und wich ihm nicht mehr von der Seite. Damit er im Winter nicht frieren musste, wurden ihm rote Strümpfe gestrickt. Viele der Bilder an den Wänden sind von den Künstlern selbst gestiftet worden, darunter die Mitglieder der Grötzinger Malerkolonie, wie Friedrich Kallmorgen oder Karl Biese.

Den richtigen Appetit kann man sich auf einem der Wanderwege von Grötzingen nach Berghausen (maximal 5,5 Kilometer, ab Oberausstraße) mit Blick ins Pfinztal holen.

NATURSCHUTZGEBIET WEINGARTENER MOOR – BRUCHWALD GRÖTZINGEN /// WWW.THEMENPARK-UMWELT.BADEN-WUERTTEMBERG.DE (NÖRDLICHES OBERRHEIN-TIEFLAND) ///

VOGELKUNDLERS PARADIES

Weingarten – Moor

66

Ein bisschen mulmig war mir schon zumute, als ich den schmalen Steg zum ersten Mal betrat. Würden die Bretter halten? Aber was sollte passieren? Ich balancierte ja auch nur 20 Zentimeter über dem Boden, der recht trocken und so gar nicht nach Moor aussah. Je näher man aber der Wasserfläche kommt, desto sumpfiger wird die Umgebung. Am Ufer des Natursees fühlt man sich dann tatsächlich in eine Moorlandschaft versetzt.

Das offiziell ›Naturschutzgebiet Weingartener Moor – Bruchwald Grötzingen‹ genannte Niedermoor liegt westlich der B 3. Zwar befindet sich sein größter Teil auf Karlsruher Gemarkung, dennoch ist es allgemein als Weingartner Moor bekannt. An und auf dem Wasser, in Schilf und Bruchwald leben zahlreiche gefährdete Insekten- und Vogelarten, vor allem jedoch Amphibien: Springfrosch, Erdkröten, Feuersalamander und verschiedene Molcharten.

Direkt am Wasser steht ein hölzerner Beobachtungsstand. Trocken und windgeschützt kann man auf einer durchaus bequemen Holzbank sitzend die zahlreichen Wasservögel beobachten. Verschließbare Luken helfen bei der Tarnung, sodass die Tiere nicht durch Geräusche, Bewegungen oder Farben irritiert oder gar gestört werden. Wer sich auf die Geräusche der Natur einlässt, kommt schon nach wenigen Minuten auch innerlich zur Ruhe. Im Okular des Fernglases erscheinen bald am Ufer gegenüber die unterschiedlichsten Entenarten, die mit bloßem Auge kaum zu erkennen wären. Meine Stars aber sind die Silberreiher, die es sich vornehmlich auf den Resten umgebrochener Bäume bequem machen. Sie nehmen nicht den erstbesten Sitzplatz, sondern flattern suchend über den morschen Stämmen, als überlegten sie, wo es wohl am besten wäre. Wie ein Kampfgeschwader ziehen Wildgänse unaufhörlich schnatternd über den See. Im Sommer wird die besondere Atmosphäre durch das Quaken der Frösche abgerundet.

Zum Moor geht man am besten vom Parkplatz an der Straße Im Stahlbühl rechts am See vorbei in nördlicher Richtung. Im Sommer Mückenschutz mitnehmen!

**ALTE BRAUEREI /// BRUCHSALER STRASSE 22 /// 76356 WEINGARTEN ///
0 72 44 / 82 61 /// WWW.ALTE-BRAUEREI.ORG ///**

BRUTZELN AUF DEM HEISSEN STEIN

Weingarten – Alte Brauerei

11/11

Es zischt und knistert, wenn das kleine Stück Fleisch auf den 300 °C heißen Stein trifft. Zur Hitze, die der ausstrahlt, kommt nun der herrliche Duft von Gebratenem hinzu. Ich habe mich einmal mehr für den Exotik-Teller entschieden: Känguru, Krokodil, Strauß, Bison und Black-Angus-Beef liegen in kleinen Häppchen auf einem Teller, garniert mit Zwiebeln, Paprika und Champignon. Kleine Fähnchen zeigen dem Unkundigen, um welche Fleischsorte es sich handelt. Das fertig Gebrutzelte kann in drei verschiedene Dips getaucht oder einfach so genossen werden, denn es ist dezent vorgewürzt. Als Beilage gibt es eine große Ofenkartoffel mit Quark, zuvor wird ein Salat serviert. Die eigentlich schon fast mundgerechten Stücke wollen noch weiter zerkleinert werden: zum einen, um das Essen und damit den Genuss in die Länge zu ziehen, zum anderen, um das Garen zu erleichtern.

Die rustikale Ausstattung des Restaurants versetzt die Gäste in eine andere Welt und, angesichts der Dekorationsstücke, zu denen im gewölbeartigen Rittersaal natürlich auch eine standesgemäße Rüstung gehört, zudem in eine andere Zeit. Im Winter entsteht hier eine besonders urige Atmosphäre, im Sommer sitzt man wahrscheinlich lieber im Biergarten; ein Teil des alten Gebäudeensembles ist zur Hofseite hin geöffnet, sodass eine Art überdachte Terrasse entstanden ist.

Ich beginne mit Känguru, dessen Geschmack leicht an Wild erinnert. Als nächstes schneide ich ein Stück vom Krokodil ab. Jetzt ist der Geschmack schwieriger zu beschreiben: irgendetwas zwischen Hühnchen und Fisch. Leichter haben es die Geschmacksnerven da schon beim Bison, das weitläufig mit unseren heimischen Rindern verwandt ist. Bisonfleisch ist jedoch zarter und magerer als Rind. Wie sagt doch Sam Hawkens so schön: ›Ein Stück Bisonlende ist noch herrlicher als das himmlische Ambrosius …‹

Auch wenn man das klassische Steak gerne durchbrät: Besonders die exotischen Fleischsorten nicht zu lange grillen, damit sie schön saftig bleiben.

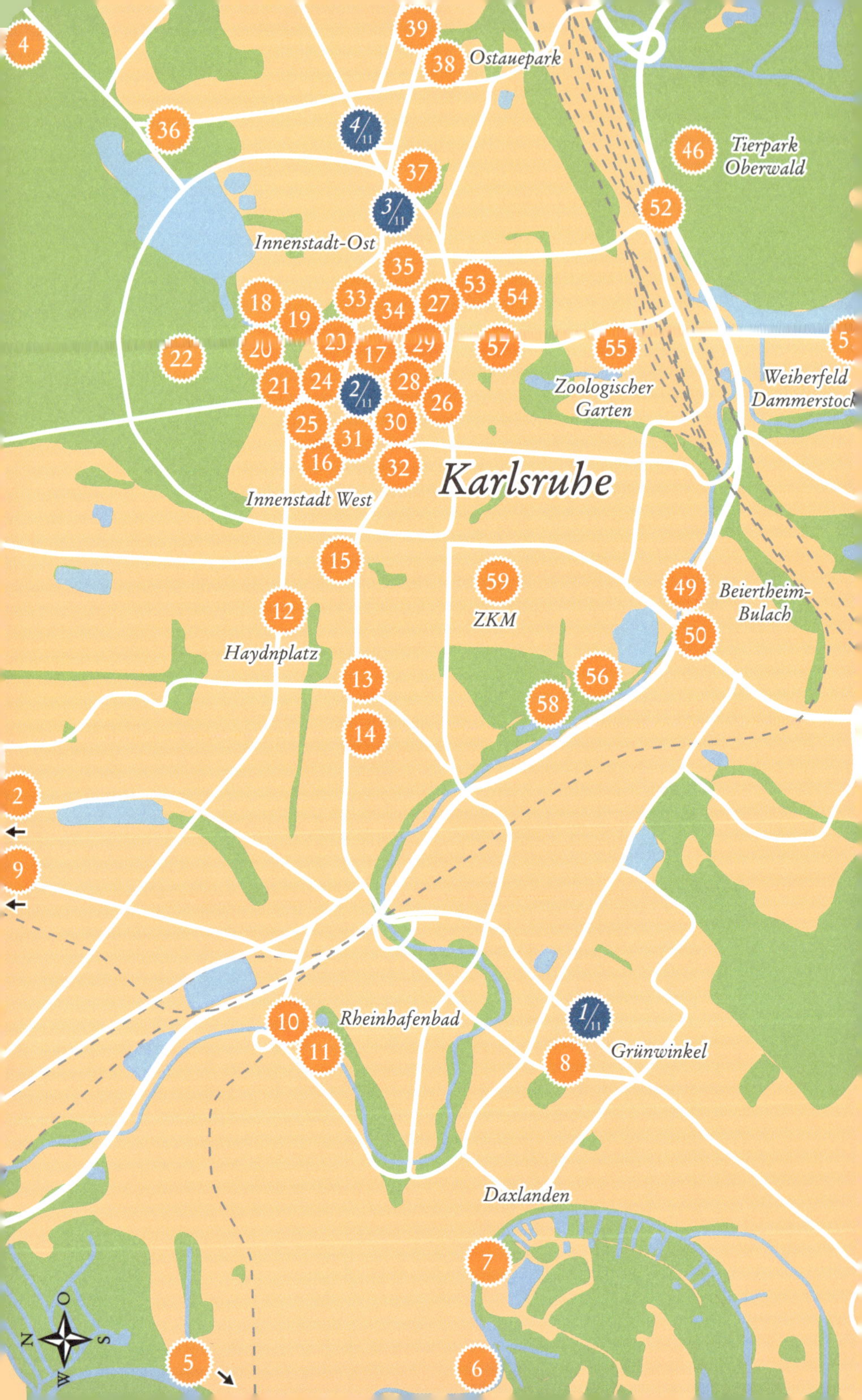

Ostauepark
Tierpark Oberwald
Innenstadt-Ost
Zoologischer Garten
Weiherfeld Dammerstock
Karlsruhe
Innenstadt West
ZKM
Beiertheim-Bulach
Haydnplatz
Rheinhafenbad
Grünwinkel
Daxlanden
4
39
38
36
4/11
37
46
3/11
52
35
53
54
18
33
34
27
19
22
20
23
17
29
57
55
21
24
2/11
28
26
25
30
31
16
32
15
59
49
12
50
13
56
58
14
2
9
10
11
1/11
8
7
5
6
O
N
S
W

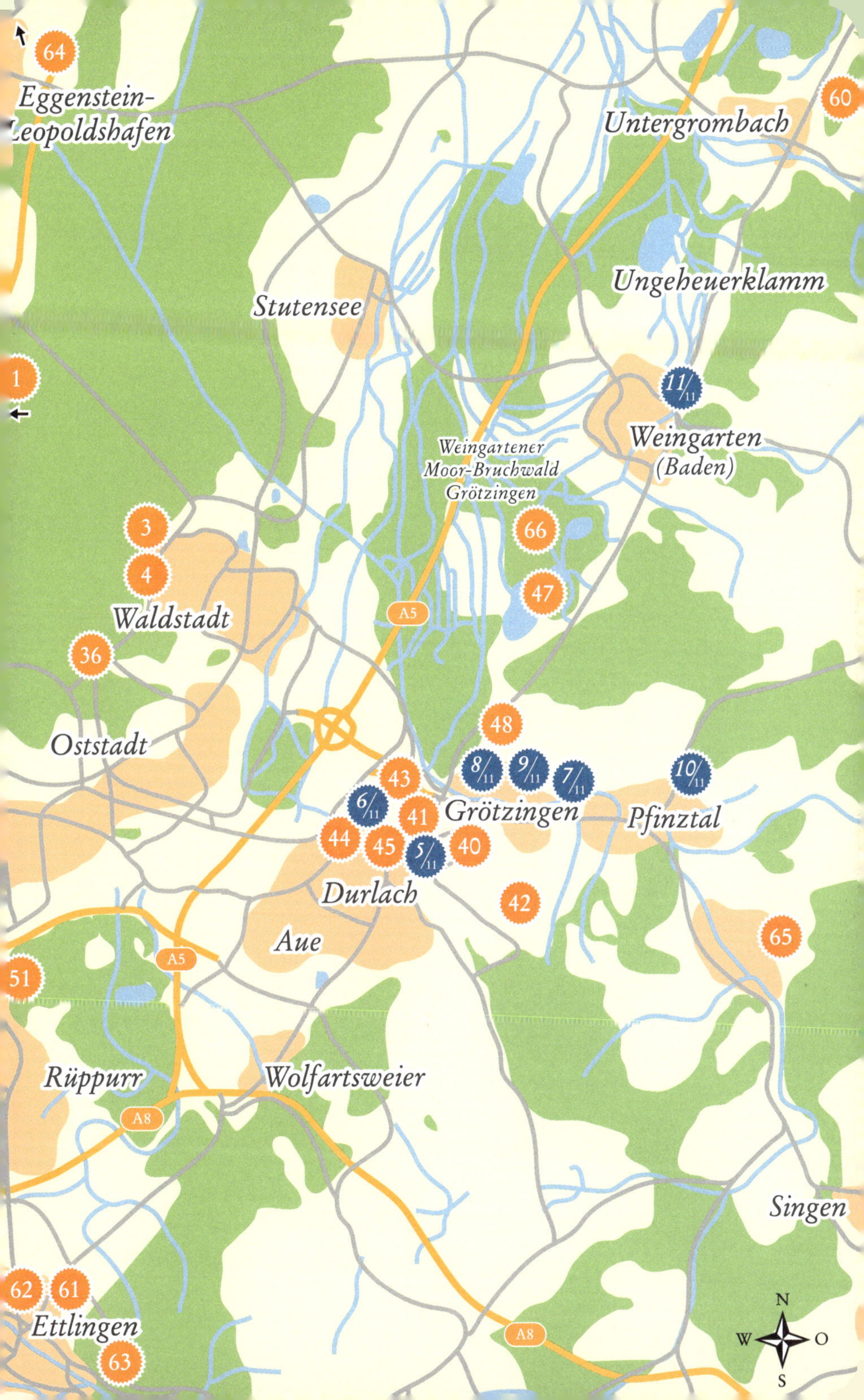

64
Eggenstein-Leopoldshafen
60
Untergrombach
Ungeheuerklamm
Stutensee
1
11/11
Weingarten (Baden)
Weingartener Moor-Bruchwald Grötzingen
3
66
4
47
Waldstadt
A5
36
48
Oststadt
8/11
9/11
7/11
10/11
43
6/11
41
Grötzingen
Pfinztal
44
45
5/11
40
Durlach
42
Aue
65
A5
51
Rüppurr
Wolfartsweier
A8
Singen
62
61
N
Ettlingen
W
O
63
A8
S

REGISTER

BILDVERZEICHNIS

Sigrid Wegner 15, 18, 20, 26, 30, 32, 36, 44, 46, 48, 52, 54, 56, 58, 60, 72, 74, 76, 78, 84, 92, 94, 96, 98, 102, 104, 112, 118, 124, 126, 128, 130, 136, 140, 142, 144, 146, 148, 150, 152, 154, 164, 166, 174, 176, 178, 180, 182, 184

Wolfgang Wegner 16, 22, 24, 38, 52, 66, 100, 114, 120, 132, 134, 158, 168

Bäderbetriebe Karlsruhe 28, 40, 156

Restaurant Rim Wang 34

Karlsruher Versorgungs-, Verkehrs- und Hafen GmbH 42

Marotte Figurentheater 50

Karlsruher Verkehrsverbund 62

Lotharingia - fotolia.com 64

Badisches Landesmuseum 68

Staatliche Kunsthalle Karlsruhe, Norbert Miguletz 70

Badische Landesbibliothek 80

Kammertheater 82

Rechtshistorisches Museum 86

Stefanie Vida und Nina Schandorf GbR 88

Theogott – fotolia.com 90

Petra Musler, Vogebräu 98

H.D.Folz - fotolia.com 106

Karlsruher Fächer GmbH 108

Oktave/Keita Fujimoto 110

Sören Anders 116

LetscheBacchus/Michael Goerner 122

Weinstube Bundschuh/Maximilian Oeter 138

Bäderbetriebe Karlsruhe 156, 158

Das Fest GmbH 160

ZKM 162

wachter-media.de - Fotolia.com, 170

Kunstverein Wilhelmshöhe 172

LITERATURVERZEICHNIS

S.25: Elias Canetti, ›Masse und Macht‹, Hamburg: Claassen 1960, S. 195 f.

S. 25: Helmut Dagenbach: zitiert nach www.waldpädagogik.de/neues/archiv_2010/060410_doktor_wald.html (letzter Zugriff 16.01.13, 11.40 Uhr)

S. 87: Thomas Dehler: aus dem Museum

S. 172: Samuel Chappuzeau: zitiert nach Mirko Felber, www.durlacher.de/orte/parks/schlossgarten-durlach.html (letzter Zugriff 16.01.13, 11.40 Uhr)

S. 97: Kurt Tucholsky, ›Die Tafeln‹, in: Die Weltbühne, 21.04.1925, Nr. 16, S. 601.

S. 147: Zedlers Universal-Lexikon, 1732, Band 1, Sp. 920

DER INDIANERBRUNNEN IST DAS WAHRZEICHEN DER SÜDSTADT. MODELL STAND ANGEBLICH EIN SIOUX-INDIANER, DER MIT DEM CIRCUS KRONE IN KARLSRUHE GASTIERTE.

Lieblings-plätze

Weitere **Lieblingsplätze**

Liebevoll ausgestattete Reiselesebücher mit individuellen Tipps, die Lust aufs Entdecken und mehr machen.

978-3-8392-1154-0

978-3-8392-1280-6

978-3-8392-1170-0

978-3-8392-1256-1

978-3-8392-1282-0

978-3-8392-1155-7

978-3-8392-1156-4

978-3-8392-1283-7

978-3-8392-1281-3

978-3-8392-1157-1

978-3-8392-1255-4

978-3-8392-1254-7

978-3-8392-1258-5

978-3-8392-1159-5

978-3-8392-1160-1

978-3-8392-1161-8

978-3-8392-1162-5

978-3-8392-1279-0

978-3-8392-1257-8

978-3-8392-1166-3

978-3-8392-1284-4

978-3-8392-1259-2

978-3-8392-1253-0

978-3-8392-1164-9